思想觀念的帶動者

文化現象的觀察者

本土經驗的整理者

生命故事的關懷者

Psychotherapy

探訪幽微的心靈，如同潛越曲折逶迤的河流
面對無法預期的彎道或風景，時而煙波浩渺，時而萬壑爭流
留下無數廓清、洗滌或抉擇的痕跡
只為尋獲真實自我的洞天福地

Experiencing Erickson
An Introduction to the Man and His Work

艾瑞克森
天生的催眠大師

傑弗瑞‧薩德 Jeffrey K. Zeig, Ph.D.——著

陳厚愷——譯

劉慧卿——審閱

王浩威——策劃

目錄

走自己的艾瑞克森步道

蔡東杰

精神科醫師、華人艾瑞克森催眠治療學會創會理事長、
自信催眠線上學習平台創辦人

　　2002 年秋天踏進艾瑞克森基金會密集訓練的教室的我，是一個剛接觸傳統催眠不到一年的精神科醫師，在與心理治療有深厚淵源卻又陌生的催眠世界裡，充滿了好奇以及疑問。我的好奇來自於催眠能夠為治療帶來極大的推動力量，我的疑問則來自於，我能接觸到的催眠治療幾乎完全被前世今生所淹沒。兩個星期的課程，我深深感受到「催眠回到心理治療的家」，有一種令人安心的歸屬感。但是隨之而來的是更強烈的疑惑：艾瑞克森學派的催眠到底是什麼？

　　為了解除疑惑帶來的不安，我認真地搜尋任何可以學習的資訊，包括艾瑞克森基金會發行的教學錄影帶、錄音帶、以及各種書籍，也在國內尋找中文翻譯書籍。《催眠天書》以及《催眠之聲伴隨你》是當時能夠找到的少數介紹艾瑞克森的中文書。但即使反覆閱讀仍然無法一窺艾瑞克森的奧妙。而以不怎麼理想的英文閱讀原文著作，能夠理解的又更加貧瘠。

　　經過了兩年辛苦的摸索，感謝華人心理治療研究發展基金會邀請了薩德博士來臺灣舉辦工作坊，並且與心靈工坊共同出版了兩本

傑夫的著作《艾瑞克森：天生的催眠大師》以及《跟大師學催眠：米爾頓．艾瑞克森治療實錄》，讓我能夠用更輕鬆的方式認識艾瑞克森催眠。

艾瑞克森醫師是一位不尋常的天才，這展現在他個人與專業的生涯，都是那麼的獨一無二，愈深入探索就會愈對他感到敬佩。然而探索艾瑞克森並不是一件容易的事，因為他有非常特別的思考以及行為模式，同時對於他的治療從來沒有給出一個特定的理論架構。如此讓想要跟他學習的人很難入手，需要重新整理成為符合個人特色的學習經驗。但也因為他沒有為艾瑞克森取向的治療下定義，讓後續的追隨者開拓出更多元的發展。

艾瑞克森是如此獨特，他提供了每一位學生個別化的教學經驗，而有機會與他近身學習是非常幸福的，傑夫是其中一位。艾瑞克森醫師過世後五年，傑夫將他與艾瑞克森相處六年多的第一手經驗紀錄，集結成書。這些記錄珍貴之處在於傑夫剛經歷過生命重大轉化與成長，正在塑形個人風格，剛剛到了女人峰的山腳，準備踏上個人的艾瑞克森步道。或許對於艾瑞克森的評論尚不成熟，但這也是初學者正在經驗的類似歷程。相較於傑夫近年一系列催眠治療精采與完備的著作，這本書反而更能夠為讀者帶來真實的衝擊。

艾瑞克森的治療與教學源自催眠，但不受限於催眠，因為催眠只是提供體驗的過程，透過這個體驗為學生與案主帶來什麼衝擊與影響才是他重視的。這個體驗可以是催眠；也可以是一般社交性的對話；更可以是一件看似荒謬不相干的任務。關於房間內紫色的電話閒聊，可以是陳述一件事實；可以是一次催眠引導；可以是困惑技巧的示範；更可以是傳遞了潛意識的無窮潛能。初次接觸艾瑞克

森或許會感到頭暈目眩，因為艾瑞克森是如此的不按牌理出牌，令人難以招架，無法站穩腳步。而有趣的是經歷了一陣顛簸，重新站穩腳步後，會發現自己已經離開原來的位置，看到不同的風景。閱讀本書，或許用慣用的線型式思考是不恰當的，而是要跟隨傑夫的帶領來到艾瑞克森面前，用心體驗。

艾瑞克森與傑夫的互動處處充滿禪機，他寫給傑夫的第一封信，字面上看似拒絕傑夫成為學生的要求，最後又柳暗花明地給了傑夫展現「真正重要的特質」的伏筆。傑夫改變的動機帶領著他開啟與艾瑞克森的學習，並且用接下來的生命探索自己真實的潛力。

初次見面，傑夫在我的書上寫下：

從鳳凰城到臺北……

一系列的回憶

一個探索內在力量的方法

如同艾瑞克森賦予傑夫啟發性的體驗，我也在艾瑞克森步道上發掘蟄伏心中的巨人。

邀請你一起踏上艾瑞克森步道。

西方心理治療中唯一的禪宗做法

洪偉凱

艾瑞克森催眠治療學派第三代治療師

　　我的人生分成認識艾瑞克森學派之前，以及認識艾瑞克森學派之後。在認識艾瑞克森學派之前，我學過許多學派，包括十年浸泡在鮑溫家庭治療、認知行為治療、傳統催眠、NLP、榮格學派，這些都或多或少幫助我成為一個好的治療師。在接觸到艾瑞克森學派之後，我終於可以將所有學過的東西整合一起，融會貫通，發展出屬於我自己風格的心理治療和催眠治療。

　　我從未見過艾瑞克森，只是從這本書裡，從其他許多關於艾瑞克森的書籍裡得窺一二。然而，艾瑞克森所培養出來的學生，至今都還在繼續引領世界心理治療發展的風潮，都還在繼續培養出更多優秀的治療師。在接觸到艾瑞克森學派之後，我知道我可以做自己，而不需要配合傳統，我知道我可以成為優秀的治療師。從這本書裡的許多故事，我們可以學習到，人生總是會有許多挫折和考驗，而艾瑞克森就是我們面對人生挫折和考驗時一個最好的榜樣。

　　透過這本書，你將學會如何用順勢而為的態度面對人生的逆境，如何在承受極度的痛苦當中，還能享受人生所帶來的好與壞。艾瑞克森一輩子被小兒麻痺所苦，如果不是要面對小兒麻痺所帶來的痛苦，他也無法到達這種無人能及的高度。小兒麻痺就是他的老

師，教會他如何面對人生的痛苦和折磨。

這本書裡的許多案例，我每次閱讀總是會有新的啟發和驚嘆，讚嘆艾瑞克森如何能夠有如此豐富的創造力和潛意識。如果我們只是依樣畫葫蘆，照著艾瑞克森的做法來幫助病人，這是無法起到太大的效果。我們只能想著，艾瑞克森如何順勢運用他的潛意識，如何觸碰到個案的潛意識，如何找到個案內在的資源，如何幫個案量身訂製專屬的催眠治療。

現今心理治療的專業領域開始講究正念、正向心理學，開始講究幫個案量身訂製一種獨特的治療方法。我們愈來愈看重個案自身擁有的資源，而不是他們認同的病症。而早在四、五十年前，艾瑞克森已經運用催眠以及其他各種創新方法來幫助個案看見自己的內在資源和力量，這是一種跨時代的先驅做法。書中提到許多間接溝通的例子，這在美國人的世界裡，是很少見的。在東方文化裡，我們經常使用間接溝通、雙關語；而西方世界裡，他們的溝通多半是直接溝通，你很少看到討價還價、或是溝通中話裡帶刺的說法。艾瑞克森在早年靠著他的個人魅力，他只需要跟個案說「進入催眠裡」，個案就會進入催眠裡。

到了晚年，艾瑞克森發展出間接溝通的能力，這種間接催眠的做法，讓艾瑞克森可以幫助更多人進入催眠裡，打開一個更加寬廣的領域，觸碰到更多人。他教導他的學生們這種做法，也因此我看到艾瑞克森學派的大師經常使用間接溝通，這種薪火相傳的做法就像是東方世界裡禪宗的做法。透過說故事、隱喻、達到一種點化、頓悟的效果。艾瑞克森這種神奇的做法，可以說是西方心理治療領域裡唯一的禪宗做法。艾瑞克森對於他的學生們從來不教技巧、原

則、方法或概念，他只傳遞一種啟發的氛圍，傳遞一種催眠的感受，學生們必須自己去體悟和領悟艾瑞克森所說的話，所說的故事，也因此，艾瑞克森的學生們都發展出屬於自己的心理治療學派和門派。

我相信透過閱讀本書，你將會學到艾瑞克森的順勢而為原則和催眠技巧原則，而這將會啟發你的潛意識，讓你更加相信自己的潛力和潛能。艾瑞克森在他老年的時候曾經說過，「我運用催眠愈多，我發現我知道的愈少。我不知道如何幫助個案做催眠，但我確實知道個案有一個很棒的潛意識，我也有一個潛意識，而當我們的潛意識相會之時，就會激盪出許多創意的火花，激盪出很棒的療效。」

另一句艾瑞克森常說的話是「無限的可能性」。艾瑞克森相信每個人都有無限的可能性，而這個可能性不是在我們頭腦的思考裡，而是存在在我們的潛意識裡，頭腦是有限的，而潛意識是無限的，也因此，艾瑞克森可以推翻醫生宣告他很快要死掉的推論，從十七歲時罹患小兒痲痺，一直活到七十九歲，並且生了八個小孩。催眠是進入潛意識，獲得內在資源的一個最佳工具。透過催眠，艾瑞克森可以大幅減輕他的身體慢性疼痛；透過催眠，艾瑞克森可以觸碰到個案無限的可能性，以及無限的內在資源；透過催眠，艾瑞克森幫助他的學生們成為更好的治療師、更棒的自己。因此，艾瑞克森是全世界心理治療領域所有專業人士所認可的當代催眠之父。

閱讀這本書有很多種方法，你可以從頭開始一章一章閱讀，你也可以從最後一頁開始往回看，你也可以從中間開始往前翻，或是往後翻。這是艾瑞克森慣常使用的閱讀方式。他喜歡從書的最後一

章開始往回看，然後推論書的開頭在說些什麼。艾瑞克森時時刻刻都在鍛鍊精進他自己推論的能力，這種推論的能力就像是福爾摩斯在推論一個案件是一樣的，當我們看了最後面，推論出前面在說什麼，我們的推論能力也就隨之進步了。

作為一個治療師，我們時時刻刻都在追求自己的進步和成長，我們有更多成長和進步，我們的個案也就能享受到更好的治療。艾瑞克森以身作則在教導我們這樣的道理，他到死的那一刻都還在盡力過好人生的每一個時刻，在他死之前，他還在教導工作坊。類似地，我看見我的艾瑞克森老師們，他們到現在七十歲、八十歲的年紀，依然在追求自己專業能力的進步和發展，到世界各地教導艾瑞克森學派，啟發更多人。這也是我學習艾瑞克森催眠最讓我著迷的地方，看著我的老師們在七十歲、八十歲的年紀，依然有許多新奇創新的治療方法產生，我也學會了「活到老，學到老」的真諦。

最後講一句，艾瑞克森學派的大師們，都看起來比實際年紀年輕許多，我想這是因為不停地精進和學習，讓他們時刻與自己的潛意識接觸，因此永保年輕。希望透過這本書，你可以窺見催眠大師艾瑞克森的風采，成為一個最好的自己，這也是艾瑞克森諄諄教誨他的學生們要做的事。我們不需要成為艾瑞克森，或是成為艾瑞克森學派大師們的樣貌，我們一輩子可以朝著成為最好的自己前進。祝你享受一段精采的催眠之旅，潛意識之旅！

二十世紀催眠治療的領導人

傑弗瑞‧薩德（Jeffrey K. Zeig）

米爾頓‧艾瑞克森基金會執行長

　　我很榮幸能夠協助財團法人華人心理治療研究發展基金會將米爾頓‧艾瑞克森（Milton H. Erickson）醫生的工作帶到臺灣，他們策劃了這次的翻譯和我第一次到臺灣的工作坊。我也要感謝心靈工坊文化事業股份有限公司在出版和宣傳方面的著力。

　　米爾頓‧艾瑞克森（1901-1980）在心理治療史上是一位獨特的影響人物。雖然沒有師承於名家，他自我淬煉而成為二十世紀催眠界的領導人物，同時也是短期心理治療的創始人。很多人主張，佛洛伊德（Sigmund Freud）的貢獻在於治療理論，艾瑞克森的貢獻在於治療實務。艾瑞克森發表在心理治療文獻的案例多過任何臨床工作者；他所發明的技術多過任何一位執業醫師，而且他的一些發明還沒被清楚地闡釋。我研究艾瑞克森已經超過四十年，然而我知道從研讀他的工作當中還有很多值得學習之處。

　　艾瑞克森對心理治療的了解冠乎群倫。他是一位實用主義者，著迷於人類的韌性和無限的潛能。他探索人**如何**能改變。他不是一個試圖去描繪人**為什麼**是他們當前面貌的理論家。

　　艾瑞克森也有著令人驚奇的生命力。他承受著許多身體病痛的

折磨，包括長期的疼痛。當病人來到他面前，他們面對的是一位承受的磨難不亞於他們的人，可能還超過他們所受的。然而，他很快樂，用活著的姿態拆放他的喜悅。當他鼓勵病人去欣賞生命，和超越病痛與限制，他的病人知道他是從自己的經驗發聲。

《艾瑞克森 —— 天生的催眠大師》（*Experiencing Erickson: An Introduction to the Man and His Work*）和《跟大師學催眠 —— 米爾頓・艾瑞克森治療實錄》（A *Teaching Seminar with Milton H. Erickson*）是姊妹作，前者清楚揭露艾瑞克森身為一個人和一名治療師的樣貌，後者是他作為一位老師的風範。為了真正了解艾瑞克森的技術，我們需要去了解他身為一個人的樣貌；為了真正了解他的治療方式，我們需要看到他是如何教導他的學生。

艾瑞克森是一位獨特的老師。他不是一個理論和實務的線性講述者。他是一位經驗豐富的老師，著重在引發學生的潛力，如同他引發病人的潛力一般。他的教學類似於他的治療，兩者都根植在經驗性地引發內在資源。

我敬愛米爾頓・艾瑞克森。我從他身上所學的勝過任何其他的老師。我個人希望這些書能傳達一部分我對他的敬愛之意。也希望這些書能激發讀者的興趣，來認識這位心理治療史上最偉大的人物。

傑弗瑞・薩德博士
美國亞利桑那州鳳凰城
2004 年 4 月

不尋常的治療師

路易斯·華伯格（Lewis R. Wolberg）
紐約市精神健康研究院創辦人暨榮譽退職院長

　　「艾瑞克森學派心理治療」是指一套心理治療技術，其中大部分由米爾頓·艾瑞克森醫生的演講、研討會、工作坊和寫作中整理而出，米爾頓·艾瑞克森醫生或許是美國最重要的催眠治療師。隱藏在方法背後的治療哲學和對病人的策略人際取向，用在催眠狀態或清醒狀態以釋放病人自助的潛能，比實際的技術來得更為重要（Erickson & Rossi, 1980; Haley, 1973）。雖然像任何魅力人物一樣，艾瑞克森的理論或軼事經常遭到狂熱份子和毀謗者的低估，「艾瑞克森學派心理治療」對於數以千計的專業人士有關鍵性的影響，在美國心理治療界留下不可磨滅的印記。許多已出版和陸續出版的關於艾瑞克森之文獻和書籍是最佳的明證（Hammond, 1984; Rossi & Ryan, 1985; Rossi et al., 1983; Zeig, 1980, 1982, 1985a, 1985b）。

　　本書大部分是作者與艾瑞克森相處經驗的個人描述，對了解艾瑞克森許多對病人所稟持的態度和運用的方法，是很重要的貢獻。他治療介入的一些方式本身就是調適身體病痛的技術成果，他用這些方式來改善因幼年罹患小兒痲痹症所導致的疼痛和殘障。面對身

體殘障的困境，他造就一種足智多謀、彈性、創意、運用自如和即席演出的獨特融合，再調以非正統風格和遊走於邊緣的傾向，創造了一種令人聞知即為之興奮的心理治療模式，令一般出身傳統心理治療模式的治療師難以仿效。因此，要學習的不只是艾瑞克森用於自己或病人身上的精妙手法，還有這位天才革新者所發明的戲劇化應變方式。

艾瑞克森以諮商師、分析師、鑑定人、仲裁者、倡導者、激勵者、心靈導師、接納的權威或嚴厲的父母等不同的面貌來面對每一個病人，他強調每個個體的獨特性，每個人會被獨特的需求和不同的防衛模式所激發，每個人都需要原創的介入模式，而非正統、缺乏想像空間和教條式的治療方式。他認為他自己、他的話、語調、說話的舉止，還有以身體動作當成影響的媒介都能促發改變。他感興趣於實際的改變，而不是理論，他認為傳統的理論是一項障礙，將治療師繫在一塊徹底無望的基石上。為了達到這個目的，他暗示、誘導、計謀大量個別化多層次的溝通刺探、語言和非語言的訊息，為了讓病人在不全然意識到受操弄的狀況下產生影響。有時候他沒有成功，但這只是提供他新的刺激，讓他去克服病人為了抗拒改變而使用潛在資源和潛力。

艾瑞克森經常在病人的明顯抗拒下，似乎表現出支持病人的疾病和防衛，或者給予病人看似奇特、無所關連的作業。他會提供尋常的建議及常識性的治療，善加利用這些顯而易見的原則。相反地，他會運用隱喻和間接的指涉，並不直接切入要點。他會創造情境，「讓病人自動理解到他們之前從未發覺的改變潛能。」（Zeig, 1985a）。但這些手段都有一種目的：只為了讓病人困惑到足以讓

他們敞開心房，用不同角度來看待事物。技術並沒有經過事先的挑選，但都適合當下情境的迫切需要。即使艾瑞克森拒絕將自己的做法與任何著名的心理治療學派畫上等號，但是他經常在獨特的操作模式中，運用了行為、認知、精神分析和其他的方法。催眠被運用在能夠有效促進治療的情境。雖然人格和價值觀改變，向來被視為或快或慢總會達成的理想目標，但他的立即目標是緩解症狀和解決問題。

有一些心理治療師對於艾瑞克森的崇拜幾近盲目，每個字、每個情緒、每個觀點或動作都被視為具有某種啟發意義。那些根植於對全知全能的期待，將艾瑞克森奉若神明的治療師，最後一定會幻滅；將艾瑞克森視為一位桀傲不馴者的治療師，認為他驚世駭俗的手法只是一時的流行，終究還是會被棄如敝屣，也是同等的偏見。這些態度對於一個高度創意、富想像力和原創的思惟不甚公允，他確實對一些最棘手的心理治療問題演繹出一套全新的方法。艾瑞克森透過長期努力奮鬥駕馭讓他痛苦的身體殘障，將自己打造成驚人的影響機器。他的勇氣、敏銳度、覺察力和獨特的適應模式，套用海利的一句話（Haley, 1973），使得他變成一位「不尋常的治療師」。但是他的方法綜合了他「不尋常」的人格特質和操作風格，讓其他治療師不容易移植、消化和運用。

對艾瑞克森策略治療一針見血的批評是：那些相信聰明的策略能夠取代扎實訓練的人高估了它的價值。技術的操作模式，通常只是全部心理治療課程探討的一個片段。從這一方面來看，我們必須知道如何處理關於病人的防衛、信念體系和獨特性格等大量變項，這些因素都會抵消和耗盡所有策略性介入的效果。

艾瑞克森是運用計謀去避開抗拒的專家，在他成長過程中，那讓人難以忍受的身體磨難是他用來銳化自己機智的磨刀石。我記得一個事件，艾瑞克森有一次到紐約旅行，他來拜訪我，當時我有一名病人也剛好來看診。這名病人是年輕的強迫症患者，因為他的敵意行為、對疾病、死亡和毀滅的念頭，造成他自己和周遭其他人的生活都陷入一片愁雲慘霧。因為他童年早期接受過一連串心理分析師、行為治療師和催眠治療師的治療，次數相當驚人，他經常抱怨他們的治療對他有害而無益，使得這些治療師逐漸耗竭殆盡。他最後被轉介到我這裡做催眠治療，因為沒有其他催眠治療師能夠成功讓他進入催眠狀態。我也徹底失敗，經過幾個月無效的療程之後，我期待有一天能把他轉介給某個人，讓自己平靜加入那一長串挫敗治療師的行列，所有人都已經放棄試圖去幫助他。

註定的好運總是會意外降臨到你身上，艾瑞克森剛好在另一次不愉快談話的開頭走進來。我開玩笑問：「米爾頓，你相信你能催眠這個年輕男孩嗎？」艾瑞克森喜愛挑戰，他不會輕易放棄這次機會，特別是當這個孩子對於任何使他進入催眠的企圖都沒有反應時。在很短的時間內，艾瑞克森說服這位病人跟他到隔壁房間，把他留在那裡將近三個小時。每隔一段時間，我會察看房間，去看一下我原先預期的狀況，也就是病人是個可怕的敵手，他會完全清醒，咧嘴笑著艾瑞克森對他做那麼多嘗試後的失敗。但艾瑞克森沒有放棄，令我驚訝的是，兩個小時之後，我很確定艾瑞克森已經成功讓病人進入夢遊的催眠狀態，在暗示下，那男孩看到物體和動物的幻覺。我對艾瑞克森面對失敗時的堅持及他催眠引導的技巧，印象一樣深刻。

在這次示範之後，這個病情嚴重的孩子又回到我的手上，可能因為之前已經有過一次放棄主控權的經驗，他顯得相當焦慮，讓他的父母很擔心。這個情況卻給了我一個建立有意義接觸的機會，化解他對死亡恐懼的問題，讓他的症狀大幅度緩和。我用這個個案來當成一個例子，說明艾瑞克森轉化和卸除病人對治療抗拒的偉大能力。

　　艾瑞克森善於結合與病人有關的特別才能或缺點，來運用介入技術；在加速病人學習方面，艾瑞克森展示了不可思議的能力。很多治療師都不能體認許多病人對一些治療介入的方式有不同的反應，雖然已經謹慎小心處理，但還是會產生矛盾的結果。處理這個問題，需要花相當多時間建立主要的治療目標。艾瑞克森獨特的天賦，不僅在於他辨識功能失常的部分，他非凡的能力還展現在找出阻礙病人復原的因素。然後他會擬出介入的方式，快速移除這些障礙。傑弗瑞·薩德在這裡提供了許多艾瑞克森如何進行這些方式的實例。關於這位催眠領域中最受矚目的大師，相關的出版品不斷出現，本書的出版又將增添一份極有價值的文獻。

路易斯·華伯格醫生

前言

　　本書呈現了米爾頓・艾瑞克森醫生催眠心理治療的面貌，包括三篇文章和一篇我在 1973 年與艾瑞克森會談的逐字稿。本書為主觀的敘述和個人的說明，並不打算做客觀論述或評價。我本身缺乏評論的立場，而且要客觀陳述艾瑞克森也有所困難；他是一個爭議性很高的人物。在繼續探索艾瑞克森的風格之前，我認為先了解艾瑞克森學派治療方式的基本概念會有所幫助。

　　艾瑞克森學派心理治療是一種務實、結構取向的做法，根植在確認和改變既有的不良適應模式；促發改變優先於釐清過去，也優先於洞察症狀的意義或功能。為了促發以病人為基礎的改變，治療師在病人的參考架構下與其交會，多層次的治療溝通針對個人狀況加以調整，以進行辨識、引發、發展、連結和運用病人的資源。雖然治療技術衍生於有效的催眠方法，但並不一定要使用正式的催眠方式。自然催眠技術（不需要正式催眠引導過程的催眠治療）被廣泛使用，因為一般而言它們更具療效。

　　艾瑞克森學派的心理治療強調彈性的治療方式，對於所需療程的次數並沒有預設立場，然而，治療傾向於短期和問題導向。如果可能，每一次療程的長度也由想達成的目標決定，而不是由時針在鐘面上的位置決定。

　　一般而言，治療目標由治療師決定，經常呈現常識性的理解和

建議，用這種方式，病人能夠產生有療效的回應，通常這需要使用間接技術。

　　正如之後會見到的，間接技術包括不直擊要害的溝通，這通常需要「平行溝通」（parallel communication）。治療師透過例如戲劇化的軼事和譬喻的技巧來呈現平行溝通，而非直接說明問題和解決方式。而且，治療師透過困境和治療暗示來形成建議，並以不直擊要害的方式呈現。透過間接技術的使用，減少抗拒，而病人會活化治療，帶有意識察覺或不帶有意識察覺地加以回應。

　　本書呈現艾瑞克森的風格和對於心理治療的介紹，而非清楚解說他治療方式的技術層面。這種做法與艾瑞克森的理念一致：在教學的時候，他不強調技術和理論，認為兩者要盡量減到最少。試著去證明一個特定的理論，或者打算用某種特定技術的心理治療師，他們會找到達成目標的方式，即使那需要將病人的心靈削足適履，以符合治療師預設的理論或技術。我記得馬克·吐溫（Mark Twain）說過：如果你想要用一把鐵鎚，那很多東西看起來都會像釘子。

　　正如之後會見到的，艾瑞克森教的只是概念。他主要的擁護者傑·海利（Jay Haley, 1982）曾說：如果他能真正理解艾瑞克森的概念，新的治療遠景就會變得鮮明。本書試圖提供一個新的遠景，來了解治療師如何能幫助病人活得更有效能。

　　本書也記錄了一名新手治療師的思路。書中記載與艾瑞克森會談的經驗，其中大部分發生在我還是一位新手治療師的階段，讀者可以見到艾瑞克森如何達成訓練新手治療師的任務。然而，艾瑞克森偽裝的簡化（deceptive simplicity）應該足以激起最資深

治療師的興趣。無論是一位初學者或是經驗豐富的治療師，當他們初次接觸艾瑞克森的工作，通常會浮現三點質疑：一、操弄（manipulation）的觀點；二、難以將艾瑞克森的方式結合到自己的治療工作；三、艾瑞克森是個異端人物。以上三點將分別說明。

「操弄」一詞具有負面的涵意。然而，如同溝通分析家瓦拉維可（Watzlawick）所指出：不可能不去操弄。人際的交流就意味著操弄，操弄是無可避免的，問題是如何有建設性地操弄和有療效地操弄。

將艾瑞克森的方式結合到自己的治療工作，困難在於那需要相當可觀的努力。艾瑞克森的做法相當嚴謹，他努力將自己培養成一位有效的溝通者。他的治療比任何其他治療師更經得起仔細的檢驗。他精確地設計語言和非語言的策略，來引發最大的治療反應。他的有效性奠基在他對於細微事物覺察力的培養；他訓練自己找出病人長處的隱微線索，用來解決問題。在某些方面，他接近個案的方式像一名偉大的偵探。一旦艾瑞克森呈現出問題的解決方式，事情的全貌就清晰可見。對留意觀察的人而言，重要的線索一直顯而易見，而且用常識性的做法便可辨認。

就異端這個部分而言，心理治療的學生一直在尋找一位真正的「魔術師父親」（father magician），他能個人化心理治療最嚮往的人類價值。在許多層面，米爾頓・艾瑞克森符合這個原型；他持續不懈地激發出自己和周遭人身上最好的部分。對於一個強烈的人物，我們是又愛又怕。通常，心理治療運動一直圍繞在心理動力的名人身上，有時候詆毀這類運動的人，會被套上「異端」的貶抑標籤。

這個標籤提供了不需經過周詳評估、就能駁斥重要成果的方便之門。「異端」自動被視為膚淺而不值一評——無論如何都要加以避免。

傳統上，心理治療向來就是派別之爭的溫床。從佛洛伊德以降，心理治療的傳奇人物一直都被神格化，演進也圍繞著他們的人格和理論而發展。

艾瑞克森並不自詡為一個異端或運動的領導者。他是一個非常獨特的人物，促進自己和他人的個體性。他甚至沒有建立一個心理治療學派的意願。

我對艾瑞克森的推崇是顯而易見的。他是一位傑出的創新者，徹底顛覆傳統，替心理治療注入新的元素。很多優秀的專業人士都對艾瑞克森留下深刻的印象，同時在人格上和專業上追尋他的腳步，這些人包括瑪格麗特·米德（Margaret Mead）、貴格瑞·貝特生（Gregory Bateson）、傑·海利、約翰·維克連（John Weakland）、恩尼斯特·羅西（Ernest Rossi）、史蒂芬·連克頓（Stephan Lankton）和約瑟夫·巴伯（Joseph Barbar）。

在《跟大師學催眠——米爾頓·艾瑞克森治療實錄》一書中，我呈現了艾瑞克森如何教導一群學生，本書和該書不同之處，在於我呈現了艾瑞克森如何和我一個人工作。在書裡我提到了我個人的反應，這是一個參與者對米爾頓·艾瑞克森的觀察。許多人試圖以客觀的角度來呈現艾瑞克森；大多數人都不想讓他們的作品滲入作者的人格特質。這不是我的目標。因為本書大部分都是艾瑞克森和我一對一的互動，所以它帶有濃厚的個人色彩。因為本書個人化的揭露，我希望它能提供個人認同和專業學習的機會。

我想要感謝許多人協助完成本書：我的編輯戴博拉‧拉克（Deborah Laake）和我的行政助理芭芭拉‧貝拉米（Barbara Bellamy），他們在我撰寫本書的過程中提供了相當多的幫助。我也要感謝依莉莎白‧艾瑞克森夫人（Mrs. Elizabeth Erickson）、雪倫‧彼得斯（Sherron S. Peters）、克莉絲提娜‧艾瑞克森（Kristina K. Erickson）、史蒂芬‧連克頓、約翰‧莫倫（John Moran）、拉瑞‧金德漢（Larry Gindhart），和邁可‧雅口（Michael Yapko），他們閱讀相關章節後提供的寶貴意見，都已經納入文稿當中。

第一章

艾瑞克森的創造力

艾瑞克森的創造力表現在他所身處的四個領域：
一位催眠師、一位心理治療師、一位老師、一
位將身體殘障化為優勢的個人；艾瑞克森融合
了這些領域中的潛意識學習，幫助人們激發、
整合產生改變所需的資源。

「天才」一詞通常是指一個人呈現的心智，它也意味著一個人天生具有卓越的精神力量和創造力。艾瑞克森的天才是由他的聰明、人性、好學、創意和洞察交織而成，他也勤奮地培養與鍛鍊自己的天賦。

艾瑞克森的天才表現在他所身處的四個領域：一位催眠師、一位心理治療師、一位老師、一位將身體殘障化為優勢的個人；綜而觀之，他在這四個範疇的成就使他成為一位超越生命限制的人。

催眠師

如果有人正在研究催眠的歷史，首先他可能會讀到十八世紀的開業醫師梅斯墨（Mesmer）[1]；然後是關於夏考（Charcot）[2]、布萊德（Braid）[3]、利布萊特（Liebeault）[4]和伯恩罕（Bernheim）[5]，十九世紀時，這些人都致力於催眠領域。

---

[1]　譯註：Franz Anton Mesmer，1734-1815，德國醫生，他運用動物磁力（animal magnetism）發展成一套有系統的催眠術，稱為梅斯墨技術（mesmerism）。他成功的治療了心身症患者，卻被當時的醫界和科學界排擠，之後在奧地利退隱。

[2]　譯註：Jean Martin Charcot，1825-1893，法國神經科醫師、心理學家，運用催眠來研究歇斯底里症。

[3]　譯註：James Braid, 1795-1860，英國外科醫師和催眠術作家，首度使用催眠術一詞來取代梅氏狀態和動物磁力。

[4]　譯註：Ambroise-Auguste Liebeault，1823-1904，法國鄉間醫師，運用催眠暗示治療器質和心理上的疾病，也是南西學院（Nancy School）的創辦人。

[5]　譯註：Hippolyte Berheim，1840-1919，法國醫學教授，在病人維持清醒狀態時，運用暗示的方式來達到催眠的效果，也是南西學院的主持人。

緊接著在二十世紀，他會讀到關於艾瑞克森，他是現代醫療催眠之父，在發展新的催眠引導方式與應用上有非凡的創見。他是五本催眠書籍的共同作者，發表了超過一百三十篇的專業文獻，其中大部分是關於催眠治療。他是美國臨床催眠學會（American Society of Clinical Hypnosis）的創辦人暨第一任主席，同時創辦了學會的官方刊物《美國臨床催眠期刊》（*The American Journal of Clinical Hypnosis*），並擔任編輯長達十年。他經常遊歷各處為專業人士講學催眠，特別是在美國境內，他是一個眾所周知的「催眠先生」（Secter, 1982, p. 453）。艾瑞克森為催眠取得了合法地位，讓催眠不再是「嚴肅學術殿堂中的跳梁小丑」（Watzalawick, 1982, p. 148）。

　　在艾瑞克森之前，催眠治療並不是一個獨立學門，也不是主要的治療工具。然而，在心理治療學派百家爭鳴的發展當中，催眠一直是重要的觸媒。心理分析師佛洛伊德、完形治療師皮爾斯（Fritz Perls）、行為學家華普（Joseph Wolpe）和溝通分析學家伯尼（Eric Berne）都對催眠相當熟悉，他們卻不願運用催眠來協助發展各自的治療取向，並提升理論中的人格結構和改變模式。艾瑞克森是一個實用主義者，他認為催眠能使病人產生改變，所以長期致力於催眠領域。他並沒有去發展一個特別的催眠理論，卻徹底顛覆了傳統的催眠做法，以往操作者會將暗示語句強加在被動的個案身上。相反地，艾瑞克森的做法是激發並運用個案的內在資源（cf. Hammond, 1984）。

　　艾瑞克森學派的催眠是用來引發治療**反應**，目的是讓病人合作。病人接受心理治療，是因為他們難以完成自設目標，治療師的

工作則是幫助病人去順從自己最大限度的欲求，在達到目標的途中，催眠通常能有效克服過程中所遇到的障礙，這使得病人更遊刃有餘地運用自助的潛能。

正式的催眠法不僅在催眠上有效，它同樣是深具影響力的溝通模式，然而艾瑞克森卻是自然催眠法的先驅者，例如，在不需要引導儀式的情況下，他將催眠的技術有效運用在心理治療。事實上，他的治療個案當中只有五分之一使用正式的催眠（Beahrs, 1971），即使他並沒有在「執行催眠」，他仍然持續使用催眠技巧。（約翰〔John〕、喬〔Joe〕和芭比〔Barbie〕的案例就是這樣的例子，之後會再詳述。）自然催眠法是艾瑞克森策略取向針對短期治療的精髓，這是艾瑞克森表現他卓越天賦的第二個領域。

心理治療師

隨著傑・海利《不尋常的治療》（*Uncommon Therapy*, 1973）的出版，艾瑞克森成為眾所周知的短期策略取向心理治療之父。身為這個取向中一位極為成功的治療師，他發表相當多的新案例和治療方法，在短期策略心理治療的文獻當中；從他舊的講學錄音帶裡，還有更多的案例陸續被發掘。（例如：Rossi, Ryan, & Sharp, 1983; Rossi & Ryan, 1985）。

海利（1980）寫道：治療本身是一種問題，而非解決的方案；問題就是病人尚在接受治療，解決的方案是讓他們儘快脫離治療，過他們獨立的生活。艾瑞克森應該會同針對個案的主訴做處理。儘管在表面上他的策略性技巧似乎不尋常，事實上他是運用不尋常的

常識。

　　將一名恐懼症患者安置在沙發上，並要求他自由聯想五十分鐘，這是一種荒誕不經的做法。常識性做法是讓恐懼症患者置身於害怕的情境，讓他們去對抗恐懼，透過這樣的方式，讓他們學習掌握主控權。藉著這種及其他的方式，艾瑞克森是首先將治療帶出病人心智範疇（和諮商室）的現代治療師之一，把治療變成病人現實生活的一部分。實踐這種治療方式的能力，是他偉大創見和創造力的展現。

老師

　　艾瑞克森另一個顛覆傳統的做法是他的教學。在 1980 年，我出版了《跟大師學催眠——米爾頓・艾瑞克森治療實錄》，是為專業人士舉辦、為期一週的研討會逐字稿，當中他示範了不尋常的教學法。他講述引人入勝的故事，主要是關於成功的心理治療案例以及他的家庭，他也現場示範了催眠治療。他並沒有透過聽學生的治療錄音帶，或藉著觀察及指導他們的治療方式來進行督導。（我當艾瑞克森的學生時間長達六年，他轉介許多病人給我，但不曾看過或聽過我做催眠引導或任何一個療程。）相反地，艾瑞克森採用多層次的影響溝通（multilevel influence communication）來激發學生的內在資源；這跟他的心理治療方式有異曲同工之妙，也跟他的催眠方式相同。他模糊了「催眠」、「教學」和「心理治療」三者的界限；當他在教學時，他實則在做催眠；當他在做催眠時，他實則在做心理治療。

艾瑞克森是個首尾呼應的溝通者，他的目標是盡可能讓大部分時間的溝通都能環環相扣，他希望溝通能獲得最大的特殊效益。他總是預先揣想一個溝通目標。有一件軼事剛好可以揭櫫他的教育哲學，記得有一次他回應我對於他的評論，我覺得他 1950 年代的教學錄音帶對我而言，像是一段很冗長的催眠引導，他說他並沒有聽過自己的帶子：「我通常不教內容，我是為了觸發動機而教。」

在艾瑞克森學派的概念裡，催眠、教學和心理治療三者之間並沒有太大的分野，因為在這三個領域中全有賴潛意識的學習，根本的道理在於人早已擁有要產生改變所需的資源；因此，心理治療和催眠，甚至到大一點的範疇——教學，都是激發資源、發展資源、幫助人們用更有效的新方式去整合資源的過程。

個人

無論身為一位催眠師、心理治療師或老師，艾瑞克森都有獨創性，他的生活方式更是如此，這樣的證據在他的生活中俯拾皆是，但他的獨特性特別彰顯在他克服顛躓身體的困頓，追求一個不受限的生活。

艾瑞克森諸多的健康問題，都細數在他太太依莉莎白（Elizabeth Erickson）於 1984 年 12 月 10 日寫給一位學生的信中，當時那位學生得了小兒痲痺症，寫信向她詢問艾瑞克森如何克服諸多病痛的折磨。雖然艾瑞克森太太的說明並不代表所有的狀況，但她的記憶卻有力佐證了艾瑞克森第四個展現過人天賦的領域——一個使其他三者相形失色的領域。

關於艾瑞克森：他的身體磨難

　　我的先夫米爾頓・艾瑞克森在他十七歲時（1919 年）罹患了小兒麻痺症，那是一次極為嚴重的感染，他完全癱瘓，除了說話和動眼之外不能做其他的事情，而且他知道自己被視為無法活下來。他在自家農場的房子，由母親和一名有實務經驗的居家護士照顧。等到癱瘓的情況稍有改善，這名護士自己採用一種治療法，之後由澳洲護士肯妮修女（Sister Kenny）大力推廣（不顧醫療界的極力反對）。她的方法是利用一連串熱敷、按摩和移動癱瘓的四肢，並鼓勵病患參與整個療程。

　　米爾頓靠自己發展出一套方法，他運用精神專注力去產生細微的移動，他反覆經歷這樣的精神位移。等到他恢復更多的元氣，他把握每個機會鍛鍊更多的肌肉來強化肌力，他學著用拐杖走路、保持身體平衡來騎腳踏車；最後，靠著一艘獨木舟、簡單的糧食和露營裝備、一點點錢，他計畫一整個夏天的獨木舟之旅，由靠近威斯康辛大學校園附近的湖泊出發，順著密西西比河的水道而下，接著往南通過聖路易斯上方，再由原水道回到上游。

　　原本預計結伴同行的朋友在最後一刻變卦。雖然有身體上的殘障，米爾頓仍獨自出發，也沒有告訴父母這將是一個人的旅行。他經歷了許多冒險並適應多重的難題之後，學會了許多調適之道，也遇到了許多有趣的人，其中有些人給了他不少的協助。當他完成這次旅行，他的健康狀況較出發前大幅改善，肩膀的肌肉長得更結實有力，替他大學和醫學院求學生涯做好了準備。

　　多年之後他告訴我，他右半邊的肌肉永久萎縮，導致左肩高

於右肩，身體軀幹的扭曲變形明顯可見。他在鏡子前用盡全身的力氣，練習讓雙肩保持水平，使得原本就因小兒痲痹彎曲的脊椎益發嚴重變形，雖然一般小兒痲痹症患者都會有脊椎彎曲的情況，但並不會如此嚴重。為了能有更接近正常的外觀，他覺得這麼做非常值得。在二次世界大戰期間，他接受了一次非常詳細的健康檢查，來判斷他是否能夠勝任少量勤務的醫官職位。當檢驗人員透過 X 光看到他的脊椎狀況時，他們既驚訝又難以置信他們所見到的情況。

儘管他對於自己平衡肩膀的成果感到驕傲，但現在回過頭來看，這件事對他的健康卻有長期負面的影響。在他的晚年，他一位見聞廣博的醫生告訴我，他復發期間完全癱瘓、持續惡化的肌肉萎縮和劇烈的疼痛，至少有一部分是由於當初扭曲脊椎去調節肩骨，因而加重關節錯位的問題，產生了關節擠壓的劇痛，也使得原本沒有受損的脊椎神經部位進一步退化。

我在 1935 年認識艾瑞克森，我們 1936 年結婚，當時他是一個精力充沛、積極進取的年輕人，右半邊明顯不良於行，他雖然撐著一根拐杖走路，卻能走相當遠的距離。他有著寬大有力的肩膀。

在 1940 年代晚期之前，我記得他的病情有嚴重的復發，只有小發作產生的肌肉和關節疼痛。在大戰期間，由於愛洛思醫院（Eloise Hospital）（之後改名為愛洛思的韋恩郡總醫院〔Wayne County General Hospital and Infirmary at Eloise〕）的員額不足，使得他的工作負荷急劇加重。他也同時指導愛洛思醫院的住院醫師，以及底特律市韋恩大學醫學院（Wayne University College of Medicine）促進醫療課程的醫學生。此外，他還花許多時間（在愛洛思醫院一整天的診療之前或之後）在市區的徵召站，替應召入伍的士兵做精

神健康檢查，由於當時我們沒有汽油，他只能坐公車往返。雖然工作繁重，他似乎樂在其中。

我現在想到一點，他的復發通常是因為某種極度的身體壓力所引起。在 1947 年的夏末或秋初，他由我們的公寓騎腳踏車到辦公室（因為有段距離），他平常騎腳踏車運動。途中一隻狗撞到車輪，把他甩了出去，他的臉上有刮傷和不太深的割傷，傷口都被塵土污染。

他從未接種過破傷風疫苗，因此決定冒著可能的風險（因為他從小就有多原性過敏），注射舊式的破傷風抗毒素血清，十天之後，他併發嚴重的血清症（serum sickness），包括肌肉疼痛、一次近乎昏迷的發作和其他症狀。偶爾他會好轉到能回辦公室工作和教學，然後又再度發病。

最後，在 1948 年春天，他的病情嚴重到住進安娜堡（Ann Arbor）的密西根大學醫院（University of Michigan Hospital），包括那裡最優秀的神經科醫師，沒有人能提供任何建議，只提到密西根溼冷的冬天與他春秋兩季慣發的多原性過敏會加重他的病情，所以要我們考慮遠離密西根的過敏原，到一個乾燥、溫暖並有乾淨空氣的地方渡過夏天。

遷居鳳凰城

我們決定去亞歷桑那州的鳳凰城，因為在亞歷桑那、內華達和新墨西哥三州中，鳳凰城是我們唯一有認識的人在的地方。亞歷桑那州立醫院（全州將近八十萬人口中唯一的精神醫療機構，收容精神疾病患者、酒癮患者、流離失所的老人、嚴重智能不足者，並

有一個隔離的單位，收容犯罪的精神病患。）的主管約翰‧拉森（John Larson）醫生是我們的老朋友，他之前是底特律當地一位優秀的精神科醫師和研究員生理學家，因為年輕兒子的健康因素才來到西部，並主持這間小型、經費不足且建築老舊的機構，醫療員額不僅短絀且年事已高；但不可思議的是拉森將它變成西南部最先進、經營績效卓著的醫療機構，米爾頓很高興能在那裡幫忙。在六月底，我開車帶著四個最小的孩子來亞歷桑那，兩個較大的男孩當時分別是十七歲和十九歲，他們留在密西根。在我離開幾天之後，米爾頓在朋友的安排下，搭飛機離開安娜堡的醫院，前往亞歷桑那，在我數天後抵達之前，都是由拉森醫生幫忙接機和照料他的食宿。米爾頓那時已逐漸復原。之後我們在旅館住了一個星期，接著為那個夏天租了一間小屋。

那時候，我只記得有一次相當短暫的復發病程，他覺得身體狀況很好，便決定到州立醫院工作。我之後又飛回家安排搬家相關事宜，當我回來後，我們搬到醫院宿舍，我們十七歲的兒子由密西根搭車來跟我們同住。一直到 1949 年春天，米爾頓十分熱切且精力充沛地投入工作，在州立醫院推行不少變革。之後拉森醫生由於跟亞歷桑那州監察委員會轄下的次級政治團體意見相左，因而辭職離開亞歷桑那州，米爾頓也辭職，決定私人開業。

我們在鳳凰城買了一間房子，正準備要搬家時，他剛好經歷短暫卻極為嚴重的復發，在搬家期間他住院了幾天，回家之後逐漸恢復體力，也同時逐步展開他的私人執業生涯。我們原本打算在一棟醫療大樓租一間辦公室，那個時候，我想他已經了解到自己需要多休息，並減少身體的勞頓，所以我們很務實地將房子裡的一間房間

當成他的書房和辦公室，如果他願意的話，有空檔時他可以在床上小憩一會兒。因此，從那個時候到他 1980 年過世，他的辦公室一直都在那個房間。

在 1949 年秋天，他住院兩次，這次發病被視為血清症的復發，過敏症是由他逐漸感到敏感的當地過敏原、灰塵和一些食物所引起的。他有一位非常優秀、已治療他多年的過敏科醫師，他建議我們注射過敏抗原、盡可能使居家環境無塵，以及辨識並避免食用過敏食物。

小兒麻痺症復發

下一次發作也是最嚴重的一次，發生在 1953 年。當地的醫生相當同情我們，卻沒有給予任何建議。一位在約翰霍普金斯醫院的醫生朋友希望我能把米爾頓送去那裡住院治療，因為我要照顧兩個 1949 年和 1951 年才出生的幼兒，以及家裡其他的孩子，所以我沒有辦法跟他一起去。我們安排了兩位年輕的實習醫師跟他一起搭火車前往，再由救護車直接送他到醫院，兩名年輕人就搭飛機回來。

神經科醫師、整型外科醫師和其他的專科醫師對米爾頓做了一系列的檢查，在馬里蘭住院一段時間之後，米爾頓康復了，他似乎一切都很正常，但他們仍然無法做出診斷或預測復原狀況，他們希望他能繼續留院做進一步的檢查，但他要求出院，他們也同意讓他出院回家。

雖然明顯看來他又一次的痊癒了，卻造成他許多額外的肌肉損傷。在他返回工作崗位幾個月後，透過一位著名神經科醫生的引薦，我們拜訪了一位整型外科醫師。診察米爾頓後，這位醫師認為

以最近肌肉萎縮的狀況看來，只有一種合理的診斷，也就是一次新的小兒麻痺發作，雖然相當罕見，但並非絕無可能，因為這種病毒有三種病毒株。

根據最近其他小兒麻痺患者類似疾病發作的發現來看（包括原來小兒麻痺症狀的復發），這樣的診斷在醫療上精明且狡猾，但很可能是被誤診的診斷。[6]

在米爾頓的餘年裡，他經歷一次又一次的疾病發作，與先前描述的狀況類似，但在每一次發作後，他還是能夠返回工作崗位、經常旅行、撰寫期刊文章及做研究，他在學術機構裡相當活躍，並從事期刊的編輯工作。然而事實上，每次的復發都使他失去一些身體的活動能力。

他結實的臂膀萎縮到需要用雙手捧起餐具來進食。他愈來愈常用到輪椅——剛開始只有長途旅行用到，後來大部分時間都待在輪椅上，愈來愈少撐著他的拐杖走路，到最後完全只能待在輪椅上。在那個時候，他放棄了旅行（1969 年），在 1970 年，當我們搬到另一間房子時，我們把內部裝修成更適合他輪椅行動的生活空間。

在 1970 到 1980 年之間，他逐漸喪失肌力，連舌頭和兩頰的肌肉都變得難以控制，所以他既不能戴假牙，說話口齒不清，視線也不能長時間聚焦在定點，他必須放棄大量的閱讀活動（包括專業和休閒的文章）。儘管如此，他的狀況大致還算穩定，我只記得有一次嚴重卻短暫的復發（在 1970 年或 1971 年）。

---

[6]　原註：根據現在小兒麻痺患者的文獻記載，這應該是「後小兒麻痺症候群」（post-polio syndrome）。艾瑞克森的症狀和疾病發作都與這個症候群的病徵一致。

他漸漸淡出精神科的私人診察，約在 1974 年時完全不再看診。那時候，他開始在我們家和辦公室授課，課程大受歡迎，他的時間一直排到 1980 年底，並且預約到隔年，他慢慢將授課時數縮減到只有每週五天的下午時段，之後一週只有四天接受預約。

面對困境的韌性

這讓我想到另一件事：雖然艾瑞克森醫生的身體非常不適，他卻經常撐起孱弱的身軀去教授一堂很重要的課，或者去看一名他覺得正經歷急性精神病發作而不能再等的病人；回來之後，他往往累癱在床上。但是整體而言，他會「調節」體力的狀態，在工作行程中留一些空檔，讓他能夠上床休息；如果他想要閱讀，那也一定是很輕鬆的書（像是漫畫書）。

在最後的幾年，他的休閒活動就是看電視，他會留意當天的新聞，特別喜愛關於自然歷史的節目，也會聽時事評論的節目，像是「麥尼爾賴賀報導」（McNeil-Lehrer Report），他會輕鬆看著不花腦筋的節目，從「芝麻街」（Sesame Street）到「危險的公爵」（The Dukes of Hazard）他都看。

他持續透過與恩尼斯特・羅西和傑弗瑞・薩德的合作，在專業期刊上發表文章。他也會把說給孩子和孫子聽的動物和家庭生活長篇故事用鉛筆寫下，作為一種放鬆。他告訴我不用花腦筋的電視和孩子的故事，對他轉移身體的劇痛很有幫助。

他活到七十八歲，比他自己預期的久得多，直到過世前一週，

他還是積極不懈的生活。[7]

艾瑞克森太太寫到自己丈夫身體上的重大限制；其他未提及的身體問題，原本也可能會減少他的生活樂趣，由於他面對困境的韌性，這些問題並沒有造成限制。

例如，他是天生的色盲，他不僅沒有受到限制，反倒善用它來表現豐富的個人風格。他經常穿著紫色衣服，因為這是他最喜歡的顏色；他的辦公室裡有許多紫色的裝飾品，學生也經常送他紫色的禮物。

他是一位音盲；隨著不斷萎縮的肌肉，他的視力產生複視的情況；而他的聽力也受損。他靠著少許的肋間肌和半個橫隔膜呼吸；他有脊柱關節炎、痛風和輕微的肺氣腫毛病。當我在 1973 年第一次遇到他時，他的手臂已經無法活動自如，他經常要用較靈活的左手扶著右手寫字；他的腿已嚴重到不良於行，只能短暫支撐自己，再靠輪椅移到辦公室的椅子上。約在 1976 年，他已經不能夠那麼做了，只能完全依賴輪椅。然而他沒有怨懟命運或自暴自棄；艾瑞克森滿意他所擁有的現況。

當他七十多歲的時候，早晨對他而言尤其痛苦，通常他要耗費很大的力氣來穿衣服和刮鬍子，因此他在看病人前都要小睡一會兒；早晨也是他一天中最疼痛的時段，他的臉露出承受極大的痛楚，然而他能很開放地談論他的身體問題。在 1974 年他告訴我：

---

[7]　原註：其餘的自傳資料見《催眠中療癒》（*Healing in Hypnosis*）（Rossi, Ryan, and Sharp, 1983）

「今天凌晨四點，我覺得我應該會死掉。中午時，我很高興我還活著，我從中午一直高興到現在。」

艾瑞克森雖然承受巨大的身體折磨，他卻是我們遇到最懂得感謝生命的人，他在這方面的人格特質，大大增添了他身為一位治療師和老師的說服力；艾瑞克森的其他面向，也對他的成功有關鍵性的助益。

關於艾瑞克森：他個人風格與專業生涯的關係

這是一本關於米爾頓‧艾瑞克森對於心理治療獨特貢獻的書，詳述他惡劣的健康狀況，意義遠超過單純的軼事側寫。艾瑞克森面對生理困境的正面姿態，對於他病人的復原有直接的影響，他們深知自己的問題不可能比他還嚴重；他們看見不管面臨的困境有多艱難，都有活出豐富生活的可能。

當病人因思覺失調症、缺乏安全感或痛苦的折磨來尋求艾瑞克森的幫助，他們走進房間，看見一位不說虛偽或抽象話語的治療師，一位與劇痛和諸多限制奮戰、卻很明顯享受生命的治療師。

艾瑞克森清楚意識到自己的狀況，他常常說小兒麻痺症是他遇過關於人類行為的最佳導師（Zeig, 1980a, p.xx），他接著說：「我不介意疼痛——我不喜歡其他的替代方式。」除了自我催眠之外，他還將重新框視（reframing）的技術用在自己身上。或許他與人互動的成功，有一部分是來自於他一直將他的技術用在自己身上。

再者，艾瑞克森的外在傾向有助於他控制自己的疼痛。他活躍於他身處的環境（Zeig, 1980a, p.16），從未迷失在個人的內在世界

裡。當你出現他面前時，你會覺得他所有的注意力都在你一個人身上，這同時是榮幸和舒慰，但也常常讓人覺得緊張不安。艾瑞克森經常扮演「感興趣的觀察者」的角色，他也具有社會疏離的傾向。他很重視隱私，絕不是那種你可以跟他閒聊時事和運動的人。

當他在工作的時候，你絕對不會感受到他的疏離感；你會感受到他的熱情和對你個人的關注，這並不意味著他讓人覺得完全地安全，完全地安全是改變的絆腳石。儘管我能夠自適在他溫情的安全感當中，感受到他試著從我的個人特質來幫助我發掘自己的才能，但我從未覺得和他相處能完全地自在。和艾瑞克森相處的人經常會覺得「頭昏眼花」（Zeig, 1980a, xxvii），部分是因為他清楚意識到要給予你一個衝擊（cf. Haley, 1982, p. 7），然而它卻是一份「無害的不確定感」，即使你整個人失衡不安，還是會覺得這份不確定感能讓你有所獲益。

事實的確如此，我記得有一次，為了趕去完成 1980 年艾瑞克森學派催眠暨心理治療國際會議（1980 International Congress on Ericksonian Approaches to Hypnosis and Psychotherapy）的講員排程事宜，我將車子狂飆到每分鐘 78 轉。我問他將一位以身心整合取向著名的治療師納入講員名單的事情，他說：「不行，他的身體……太過**緊繃**。」他的話明顯的一語雙關。我做了一次深呼吸後，將車速減慢到每分鐘 33⅓ 轉。然而，我並不覺得他在操弄我，和他相處時我從來沒有被操弄的感覺，反而覺得獲益良多。（cf. Haley, 1982, p. 10, 海利也提到不覺得有被艾瑞克森利用的感覺。）

獨特的治療方式

他是一個極為自信的人，似乎不知道什麼是社交恐懼（Nemetschek, 1982），對於所擁有的權力，他顯得相當自在（Haley, 1982, p. 10）。然而他也有詼諧的一面，他被認為是第一個將幽默帶入正統心理治療的人（Madanes, 1985）。他也用幽默來包裝催眠引導。傳統上，催眠和幽默向來是水火不容，艾瑞克森是第一個將幽默結合成正統心理治療一部分的人。例如，他戲謔地對一個有手臂懸空問題的病人（Zeig, 1980a, p. 223）說：「你以前是不是曾被一個怪人將你的手臂抬起，讓它留在半空中？」

當我想到艾瑞克森如何替他的病人做治療時，我就會回想起我的小女兒妮可痛恨在飯後洗臉這件事。我的太太雪倫會先給她一條毛巾，讓她自己玩；在玩的過程中，她們沒有爭執或強迫地完成洗臉這件事。艾瑞克森的治療似乎有異曲同工之妙，這可以稱作成人的遊戲治療（cf. Leveton, 1982）。他像一位好父親，會鼓勵孩子自我探索。他把改變的功勞留給病人自己。

艾瑞克森將遊戲結合戲劇性的治療方式，他有著一籮筐意料之外的作業（tasks）和伎倆，用來達到他治療的效果（cf. Lustig, 1985）。他會丟一塊泡綿磚給病人，然後大聲說：「不要將所有的東西都當成花崗岩！」（C. Lankton, 1985）。為了凸顯人們慣於忽略家庭模式，他會用證明他們是右拇指利或是左拇指利的方式來挑戰他們。（當你雙手緊握，你的優勢拇指會在上方。然後將所有手指下移到同一方位，感受一下你的優勢拇指。）為了鼓勵學生靈活運用，他會刺激他們想出如何用十棵樹種出五排每排有四棵樹的方法。（這題的答案是一個五角星形。）他會將學生和病人送去爬鳳

鳳城的女人峰（Squaw Peak），讓他們看得更廣、更高及享受勝利的喜悅。

他會舉自己的例子，說明他如何把困境轉化為遊戲。當他是高中生時，他會用喜歡的幾何學作為自己完成較不喜歡學科的獎賞。當他必須到馬鈴薯田除草時，他會在田地上畫一些對角線，然後一小塊一小塊的工作，直到整個田地都除好草，這樣一來工作變得有趣多了。當面臨生活中無可避免的無聊煩瑣，他仍用赤子之心來看世界。對一位他希望對方能更輕鬆看待事情的病人，他曾引用華滋華斯（Wordsworth）的詩「牢房的陰影開始籠罩成長中的孩子」——這是對逝去純真的哀悼和赤子之心的激賞。

潛意識的智慧

孩子般的驚喜和信任很自然地變成他治療特徵的延伸：他信任人，也信任人潛意識中的健康欲望；他相信人擁有可被激發的內在智慧。他說過一個幫助病人準備專業考試的故事，他要病人快速瀏覽教科書，並記下每一頁的一個概念，目的是激發他的潛意識並促進他的記憶力。（我之前也用這個方法，順利通過州政府的證照考試。）他也信任潛意識的智慧，例如，他說過一件他忘了手稿擺在哪裡的事，他選擇相信他遺忘的智慧，而不是去把它找出來。後來有一天當他重讀一篇文章，正好發現一些資料應該加進「遺失」的那篇文章中，然後他就找到了，隨後發表了那篇文章（Zeig, 1985a）。

艾瑞克森對潛意識和催眠這麼感興趣的原因之一，或許是因為它們直接承擔了他劇痛纏身的人生。他經常利用催眠來控制疼痛，

當艾瑞克森為了控制疼痛做自我催眠時，他並沒有硬性引導自己；相反地，他賦予潛意識一個舒服的意念，然後跟隨著他所接受到的暗示漫遊。他告訴過我一個他精心設計的訊號系統，在他的晚年，一早起來他就會留意拇指在指間的位置，如果拇指在小指和無名指之間，那表示昨夜他耗費很多力氣和疼痛奮戰。如果拇指在無名指和中指之間，那表示夜裡沒有痛得那麼厲害；如果在中指和食指之間，表示更沒那麼痛。用這樣的方法，他能判斷他還有多少精力處理白天的工作。他知道潛意識能良性且自主地運作。

艾瑞克森帶到治療裡的另一個天賦是他偉大的創造力，創意讓他保持敏銳。當我問他一個簡單的是非題時，即使新的答案更為冗長，他還是樂於找出不帶有「是」或「否」字眼的說法。瑪格麗特‧米德（Margaret Mead,1977, p. 94）提到他總是努力想出具原創性的解決方法，面對每一次療程，都彷彿是全新的治療情境。（雖然艾瑞克森會重複他的故事和催眠引導，但他很小心地將它們改編成適合當事人現況的情節。他並不反對重複，在早期的一次治療督導裡，他鼓勵我反覆使用同樣的催眠引導，去了解病人的各種不同反應。）

大概是他的創意和好奇讓他不斷更新自己。他年輕的時候似乎精力無窮，他長時間在家工作；當他旅行演講時，他經常會探望同事、治療病人，並在會後替參加工作坊的學員做個人治療。他有驚人的記憶力和強大的專注力。

在文獻中，艾瑞克森的人性面很少被提及，但這是他治療的重要部分，也是他成功的重要因素。他沒有以貶抑的方式操弄，原因之一或許是他在時間上和工作上的慷慨與細膩。

如同他慷慨的一面，他也經常對於細節表現出令人驚訝的注意力。我想到的一個例子曾在《跟大師學催眠——米爾頓·艾瑞克森治療實錄》（Zeig, 1980a, p. 312）一書中提過，艾瑞克森的第二十六個孫女蘿莉剛出生時來過鳳凰城，當時我和艾瑞克森合照了一張相片，他要求鐵木製的貓頭鷹也要入鏡，那是他給小嬰兒的第一份生日禮物。（蘿莉的小名叫「尖叫」，因為她的哭鬧聲很宏亮。）艾瑞克森後來告訴我，那個貓頭鷹讓相片看起來更溫馨，當蘿莉是個少女時，他可能已經過世很久，對蘿莉而言，這相片會有特殊的意義。

　　在每天的治療當中，艾瑞克森都會有出乎意料的作為，你幾乎可以指望他會做跟期待相反的事。海利（1982）詳細提到艾瑞克森的治療如何迴異於傳統治療師的做法，對他而言，打電話請病人來接受治療是很尋常的事。在督導時，他鼓勵學生在一次療程的前半段就進行催眠，而非依一般慣例，到療程的後半段才進行催眠。他在初次會見學生或病人時就進行催眠引導，在引導過程中收集診斷資料的情況也很常見。

　　身為一個普通人和治療師，艾瑞克森卻對錢不太感興趣。在他1980 年過世的時候，他的診療費每小時只要四十塊美金。如果他有一群學生上同一堂課，他會說：「如果你們有十個人，每人一小時付四塊錢；如果你們錢比較多就多付，錢不夠就少付。」（Zeig, 1980a）他提醒學生在每次診療結束時收取費用，因為這個過程會鼓勵治療師為他們立刻獲得的報酬努力付出。他來自科學學院派的訓練：如果你有知識，你要分享而不是販賣。他在不同的場合對病人說：「我感興趣的是你的生活，而不是你的金錢。」

你可以期待他會說這種幾乎毫不做作的話。他的治療取向務實且平易近人。他的用詞任何人都能理解，就像當代藝術家保羅‧克里（Paul Klee）的作品，線條簡單卻層次豐富、意境深遠。他對語言細微處的注意力極佳（cf. Rodger, 1982, p. 320），這種能力豐富了他的治療。在本書後半的逐字稿中，我們會看到他驚人的表達能力；他說的話大多文法無誤且語句完整。

儘管艾瑞克森閱讀範圍很廣，他卻不是你們所想那種學究式的聰明。他的記憶力特別驚人，對文學、農學和人類學格外精熟，在治療病人時，他經常運用這些領域的知識。

▍艾瑞克森如何自我訓練

艾瑞克森的生活遍布著創意的素材，在他的家庭、生活和工作上隨處可見創意的軌跡，但這樣的創意只是未經馴服天賦的恣意揮灑嗎？答案是也不是。艾瑞克森的資質聰敏，但他的能力是勤勉自我訓練的產物。他的病人就是他的老師，他豐富的經驗來自於多年的臨床實務歷練──當我遇到他的時候，他已經有五十年看過各式各樣病人的經驗。我曾問一位同事大衛‧奇可（David Cheek），是否知道艾瑞克森由哪裡不斷獲得精神病學的知識，奇可回憶道：「他以平常的聲調說：『從病人。』」（在 Secter 報告, 1982, p. 451）艾瑞克森基本上都是自修，他並沒有被先前的學派限制，反而另闢蹊徑，獲得新的洞見。艾瑞克森於 1920 年代早期在威斯康辛大學醫學院的精神部接受訓練，他的指導老師是一位不太相信精神醫學的外科醫生。醫學院畢業之後，他在科羅拉多精神醫院（Colorado Psychopathic Hospital）實習一年，由該院的主任、也是

一位著名的精神科醫師法蘭克林‧安包（Franklin Ebaugh,M.D.）指導。然而，艾瑞克森從未稱任何人是他的老師（Haley & Weakland, 1985, p. 603）；雖然他遍覽精神分析的相關書籍，但沒有接受精神分析的訓練或督導，他連催眠都是自修。

醫學院畢業之後，他用了許多方法來自我訓練，自修中主要的部分是關於社會化的重要性。

多年以來，在替病人做精神健康檢查之後，艾瑞克森都會寫下假設性的病人社交史，也就是推測出病人社交史可能的樣貌。緊接著，他會拿從社工體系得知的真正社交史和他自己推測的版本相互比較。他也會反向推測，先得知真正的社交史，據此建構出假設性的精神健康檢查結果，再和真正的結果比較。他在許多病人身上用了這樣的技巧，直到他對社會發展有了全面的了解。

雖然艾瑞克森主要是跟個人工作，他卻善用家庭系統的觀點思考，他認為這是治療重要的一環，例如在 1974 年時，我向他徵詢院內一位極為棘手個案的治療建議，他要我去做的第一件事，便是收集家庭狀況的資料。

我期待看見家族治療的專家能夠清楚看到一個人的位置，正確描繪出整個家庭系統，甚至是跨代間的心理和社會動力。在艾瑞克森透過正確預測做出有效介入的例子中，我們將看見他擁有這樣的能力，也善用這樣的能力。

艾瑞克森也非常努力地學習催眠，在他的事業早期，他會為了一個特定的個案寫出一份十五頁的催眠引導，刪減成十頁、到五頁、最後到兩頁，然後他才會用在病人身上。他甚至會對著鏡子練習暗示（Hammond, 1984, p. 281）。如果孩子的朋友可能是位有趣

的催眠受試者，他會徵求父母允許讓他和那個小孩工作，在當天傍晚就進行催眠實驗。

除了勤奮之外，他對工作向來一絲不苟。1939年，瑪格麗特‧米德寫了一封兩頁的信，請教艾瑞克森關於催眠和原始部落出神狀態的關係。他回了她兩封分別是十四頁和十七頁的信，他的天才和勤勞想必讓她印象深刻。隔年，米德到密西根拜訪艾瑞克森，開始了一段持續到她去世的友誼。

根據他姊姊柏莎（Bertha）（私人通信，1984）的說法，努力工作的模式一直是他的特性。在小時候他就有很強的求知欲，被稱為「字典先生」，因為他將字典讀過很多遍，字彙量非常豐富。

或許他最令人驚訝的才華，是他對隱微事物的覺察，正如先前所提過，這並不是未經錘鍊的天賦，而是他自我淬勵下的精熟成果。在他成年時，他的觀察力已經是當時的傳奇。即使一名婦女體型沒有可見的改變，他能由她某種走路的姿勢，而認為「這個女人懷孕了」。他會寫下他的預測，交給祕書鎖在抽屜裡，然後他會去驗證他的觀察。

他驅策自己不斷學習和進步，這種做法一直持續到他的晚年。當他視力衰弱到不能再閱讀時，他改看電視。他的一個學生記得有一次電視轉播一場田徑賽，艾瑞克森想要自我挑戰來預測贏家，他仔細看跑者暖身，有些跑者四處張望，明顯因為觀眾而分心，他預測這些人不會贏，那些真正專注且定睛的人才有可能是贏家。

艾瑞克森人格的核心特質是他對學習的熱愛；他是我見過求知欲最高的人。有一次我問他，每週對一群出席他研討課程的學生講同樣的故事，他是否會覺得厭煩。他覺得不可思議，他說：「厭

煩？一點也不會，我對我在課堂中能學到有全然的興趣。」

約翰和巴尼的案例

一名傳記作家永遠也不可能寫出當事人在自我描繪時所呈現的面貌。在艾瑞克森將邁入人生末尾時，他接了這個案子，是他生命和能力巔峰的代表作，非常清楚地呈現他這個人。

約翰和巴尼的例子結合了艾瑞克森的訓練、他最偉大的創新和洞察——對於情境的善用和有效溝通的能力，以及他治療中的遊戲面和人性面。

艾瑞克森在 1960 年代早期開始和約翰工作。約翰受思覺失調症所苦，很明顯地，這會是個長期個案。治療目標是讓約翰離開醫院，讓他能自主生活，而不是治癒他。當艾瑞克森接到一個個案，他會真正盡其所能地幫助病人，不計代價，只要有某些真正改變的動機。因此艾瑞克森深入挖掘、介入約翰生活的每一個層面。約翰是家中獨子，艾瑞克森的首要介入措施是讓他和父母分開，這個措施成功了，因為在第一次療程時，艾瑞克森就評斷這個家庭過去不能、未來也不能全體順利運作。在艾瑞克森的建議下，約翰的父母替約翰成立一筆信託基金，使約翰能夠財務獨立，因此他們將不用和約翰接觸。每個月艾瑞克森得到一筆小額的金錢，作為約翰的治療費用，而約翰則得到一筆小額的生活津貼。

起初約翰開車去看診，但一段時間後因為他的思覺失調症，他無法開車，因此艾瑞克森和他太太幫約翰安排了一間公寓，離艾瑞克森住處只有步行之遙。

正如下一章將會細述的，目標導向是艾瑞克森學派的基石。艾瑞克森對這位病人有哪些目標呢？一般而言，思覺失調症病人有四個共同的模式：

1. 他們不會有滿意的關係。
2. 他們不會負責任。
3. 他們不會率直地表達。
4. 他們不喜歡被界定為一種特定的角色，例如，他們是生活的犧牲者，但他們不會承認，或沒有認知到這一點。

因此，為思覺失調症病人做心理治療的目標，是使他們建立關係、負責任、率直地表達和擔負生產性的角色。要使病人達到這些目標的困難在於他們很少對直接的建議做反應；他們一般都不直接做許多事，而是和其他事情產生三角關係，例如，他們不直接溝通，而是透過他們的「聲音」來表達。

重新定位病患的角色

如果思覺失調症患者是間接、三角化溝通的專家，那治療師也用類似的溝通模式，運用病人自己的參考架構，和他們搭起溝通的橋梁（cf., Zeig, 1980b）。艾瑞克森藉著讓約翰養一隻狗，設法完成間接溝通。在約翰同意養狗之後，艾瑞克森派他最小的女兒克莉絲提（Kristi）和當時的一位醫學生陪約翰去找一隻狗。

現在問題是到哪裡替思覺失調症病人找一隻狗呢？你不會到寵物店去挑一隻純種名犬，那似乎不太合適。適合思覺失調症病人挑

狗的地方是動物收容所，專門收容了慢性病、等著被安樂死的狗。約翰走進收容所裡，聽到一聲狗吠，當場要了一隻未成年的小型獵犬，他叫牠「巴尼」，約翰從收容所和死亡邊緣將巴尼救了回來。

剛開始約翰把狗養在公寓裡，但過了不久，對這隻狗而言，公寓的空間很明顯太小了，他能把巴尼寄養在什麼地方呢？艾瑞克森主動提議把狗養在他家，但這不意味著牠變成艾瑞克森的狗，狗主人還是約翰，他每天必須到艾瑞克森家餵牠和照顧牠兩次。

隨著約翰與巴尼之間的互動，他的角色開始有微妙的轉變。他不再以病人的身分到艾瑞克森的家中，而是為了照顧狗而去，在這個過程中，他逐步開始負起責任。

在重新定位約翰的角色上，艾瑞克森甚至做出更進一步的努力。艾瑞克森停止了約翰的定時看診，而約翰也變成家中經常來訪的友人。約翰除了早上會來之外，每晚八點到十點間，他也會來家裡和艾瑞克森夫婦一起看電視。當約翰在那裡經歷著家庭生活時，艾瑞克森會運用他多層次溝通的手法，在不被察覺的情況下做治療。艾瑞克森有一部分的治療，是用「恐嚇」巴尼的方式來凝聚約翰和巴尼之間的關係。

傍晚的時候，艾瑞克森會用鉗子把狗餅乾分成兩半，（因為他的手部活動不便，力氣也不夠，所以他一定要用鉗子才能撥開餅乾；即使如此，這對他而言仍相當困難，做完後他的雙手會顫抖不已。）不能由艾瑞克森太太來撥餅乾，如果我在那裡，也不能由我來撥餅乾，一定要是艾瑞克森。艾瑞克森會將半塊餅乾拿給約翰，讓他來餵巴尼。如果巴尼來找艾瑞克森，他會用蒼蠅拍把牠趕走，或者按他特別裝在輪椅上的喇叭，然後大聲的對巴尼叫：「去——

約翰的狗！」（艾瑞克森也用軟性的方式，他有時候會看著巴尼說：「你是誰的狗呢？」你會看到約翰流露出驕傲的神情。）

讓我們來看看這個情況的角色動力，如果艾瑞克森成為迫害者，而巴尼是犧牲者，那約翰勢必只剩一種角色——拯救者（cf. Karpman, 1968）。而當約翰開始成為拯救者時，他也開始更加負責任。這些治療介入的結果，讓約翰開始打破他之前習得的限制。

在艾瑞克森的治療過程裡，巴尼也是一個開心果。他稱巴尼為「那隻有蛇腹的混種獵犬」。根據艾瑞克森的記載，巴尼替艾瑞克森取了「老傢伙」這個名字，而巴尼稱呼艾瑞克森太太為「屋裡的女主人」。

巴尼的信

直到所有人物確立了角色個性之後，艾瑞克森開始用巴尼的口吻寫信給約翰。艾瑞克森會用各種可能的方式來溝通，而他當然也能把信寫得具有治療目的，這是另一個對思覺失調病患使用治療性三角溝通的例子。信件也是艾瑞克森經常使用的治療工具。艾瑞克森曾讓信看起來像是自己的狗羅傑寫給羅伯·皮爾森（Robert Pearson）的狗拍普，通知皮爾森醫生關於自己主人所診療的一些案例（Pearson, 1982, p. 426）。羅傑當然相當多產，約翰·可里（John Corley）醫生的狗收過一些信（Corley, 1982, p. 237），而伯莎·羅傑（Bertha Roger）醫生的狗也收到過（私人通信，1984）。在羅傑死後，羅傑的在天之靈寫信給這個家庭，而牠的信在艾瑞克森的孩子和孫子間相互傳閱，這些信是艾瑞克森用來教養下一代的方式；信裡提到這個大家族裡所發生的事，並傳達一些培

養道德感和熱愛生命的觀念。

　　因此巴尼開始寫信，而約翰變得不只是個訪友，現在他是艾瑞克森家庭所「收養」的成員。這裡是一封 1972 年的信——一封手寫的信，對艾瑞克森而言是件極為辛苦的事：

1972 年 5 月

親愛的約翰：

　　今天早上我很早起床，今天天氣相當好，但有一些事困擾著我。星期六羅伯（艾瑞克森最小的兒子）告訴凱西（艾瑞克森的媳婦）一個故事，屋裡的女主人也一起聽。故事是關於某個老傢伙登報徵婚，他收到一封應徵信之後，帶了兩匹馬去機場接她。在去教堂的路上，老傢伙的馬走得天生顛簸，他只說了聲：「一。」半路上，馬又走得顛簸，老傢伙說：「二。」當他們剛到教堂時，他的馬再次走得顛簸，老傢伙解鞍下馬，說：「三。」然後他當場開槍把那匹馬殺了。未來的新娘說：「你怎麼這麼殘忍，只因為馬走得顛簸，就把牠殺了。」老傢伙只說：「一。」

　　我沒有聽完全部的故事，但我聽到屋裡的女主人小聲地說：「千萬不要把這個故事告訴你知道的那個人。」約翰，她那句話是什麼意思呢？

巴尼

運用多層次散布技術

　　第二天是另一封信，當你讀這封信的時候，留意艾瑞克森的多層次散布技術（multilevel interspersal technique），藉由這種方式，

他同時溝通的事情不只一件，他用帶有正面情緒意涵的「瘋狂」同義詞，來重新表述瘋狂的概念；再者，他採用幽默和戲劇化的方式，來淡化約翰相當熟悉的恐懼情緒；他甚至用同理的方式，建議約翰不要期待完全克服他的困難；他強調約翰和巴尼的連結，並將艾瑞克森太太帶入這個連結中，讓她也扮演保護巴尼的角色。在這整個過程裡，很明顯地，他樂在其中。

1972 年 5 月

親愛的約翰：

　　你知道我對那個很棒的女孩蘿西（艾瑞克森第二小的女兒）的感覺。她這個週末沒有回家，甚至也沒有寄一根骨頭來慰問我。我的感覺糟透了，我試著自我安慰，我悄悄溜進了克莉絲提的房間，準備好好享受一番，我做了一個很棒的夢，夢中蘿西輕撫我的頭，給我一根甜美多汁的骨頭，你絕對想不到的是，老傢伙進到房間來，他看到我，我陶醉在甜美的夢裡，沒有聽到他的輪椅聲。約翰，那很慘，真的很慘，他一進來就響起那可怕的喇叭聲，用充滿最恐嚇、威脅的聲調說：「一。」然後喇叭聲使得我全身的骨頭變成一團震顫的果凍，我嚇壞了，全身發抖，真是糟到了極點，我僵在那個房間裡，只能不停發抖，最後我溜出房間，屋裡的女主人好心幫我開了後門，我才鬆了一口氣。我花了將近一個小時，才把卡在我股間蛇腹的尾巴拿出來，因為可怕的喇叭聲把我可愛的蛇腹變成果凍了。好幾個小時之後，我才能再次左右擺尾。約翰，剛剛發生的事是我這輩子最慘痛的經驗。約翰，現在你知道我對蘿西那個女孩是如何完全地瘋狂了，有時候我也會瘋狂想著克莉絲提對我

的好，而屋裡的女主人讓我無憂無慮，快樂地過日子；而你在你的公寓裡替我洗的貝蘭（Bay Rum）香水澡，讓我了解到身為狗的尊榮，身為一隻「你的狗」，一隻你真正擁有的狗。喔，約翰，在老傢伙這樣對待我之後，所有你曾帶進我生命中的美好事物，讓我徹底地失衡。我開始想到有誰能像屋裡的女主人這麼好，讓自己跟老傢伙這樣的人朝夕相處，喔，那一定是我沒有想得太透澈。不知怎麼的，我逛進老傢伙睡覺的房間，但我待在屋裡的女主人睡的那邊，我只是很渴望得到一些安慰。老傢伙再一次逮到我，在響起他的喇叭聲之前，他用一種很可怕、很可怕的方式說：「二。」我想第一次是可怕，但我現在知道什麼是全身僵直的致命恐怖。我相當幸運，屋裡的女主人衝進來救我，我動彈不得，全身僵硬地杵在屋裡，屋裡的女主人救了我一命。我當時覺得我再也看不到我的好約翰或蘿西，或再洗一次貝蘭香水澡、再和我的約翰一起散步，我的表情是完全絕望地木然。

　　約翰，現在我知道像老傢伙這樣的怪人不太可能改變，但我願意為了你，將你帶給我的骨頭和豬排都送給他，我願意放棄我唱歌的權力或任何事，只要我能繼續當約翰的狗，繼續為蘿西完全地癡狂。

巴尼

▎給巴尼的五行打油詩

　　之後，艾瑞克森開始寫詩。我發現一系列艾瑞克森寫來當成假日禮物的四十四首五行打油詩，標題是老傢伙寫於 1973 年的「給巴尼的五行打油詩」，詩的內容是關於約翰身為巴尼保護者的角

色、約翰自我意識的建立、享受生活和擁有正確的價值觀，以及艾瑞克森的家庭，這些詩讓約翰更有歸屬感。這裡是其中的一些五行打油詩：

That wonderful secretary named Pinky

And that brown-tick beagle-mix so slinky

Both by Ghost Roger

And the Old Codger

Are being driven completely to drinkee

那個很棒的祕書名叫蘋琪

而那隻褐斑混種獵犬太瘦

死去的羅傑

和老傢伙一起

逼迫牠們倆去喝水

John is a handsome fellow,

And when it's time say "Hello" 49

Barney waits At the Gates And then pretends to be cool and mellow.

約翰是個俊帥的傢伙

而當該說「哈囉」的時候來臨

巴尼等著

在門口

然後裝作一副若無其事的樣子

There is something I would sorta

Like to say to my dear daughta Although she is sweet

And also very neat

She does to my pensions what she hadn't oughta.

（Now how did this limerick get here?）

有些事我有點

想對我親愛的女兒說

雖然她很甜美

也很漂亮

她對我的退休金做了不該做的事

（現在這首打油詩怎麼會寫到這裡？）

Now Barney is a fortunate dog

Who many miles up Squaw Peak did jog

But he does have one fault

50 Which no one can halt

It's this-all of John's affection he does hog.

巴尼現在是一隻幸運的狗兒

牠確實跑到女人峰數哩之上

但牠卻有一點不好

沒人能讓牠停下來

那便是——霸占約翰所有的愛

The Old Codger's table creaks

There follow those wheelchair squeaks

From his haven

Very Craven

Alert Barney, all tippytoes, retreats

老傢伙的桌子咯咯作響

接著有輪椅的吱吱聲

巴尼在牠的小窩警醒著

非常膽怯

所有不安的腳趾頭，縮成一團

John the Wonderful has a hound

That he happily rescued from the pound

For him John does choose

Various things called chews

Barney thinks that it's wonderful to have John

around.

約翰這個好人有一隻獵犬

他很高興從收容所救出的那隻

為了牠約翰確實挑了

很多東西作為咀嚼物

巴尼認為有約翰在身邊真好

成功改變約翰的角色

艾瑞克森死後的幾個星期，巴尼死了。巴尼本身就是個醫療奇
蹟。牠之前就得了球蟲病（Valley Fever），因為牠對約翰非常的重

要，艾瑞克森太太帶牠看過許多次獸醫，花了幾百元替牠治療，讓牠在病情沒有復發的期間正常而快樂地過日子。事實上巴尼是極為特殊的例子，獸醫在動物球蟲病的論壇中提過牠這個案例。

在巴尼死後，艾瑞克森太太和約翰一起到同一個收容所，收養了兩隻混種獵犬的幼犬。約翰替他的新狗取名為巴那巴斯；艾瑞克森太太替她的新狗取名為安吉莉克，她叫牠「小天使」。現在他們都有了新狗——擁有可以去愛的新象徵、新對象。

每晚八點到十點，約翰仍然會到艾瑞克森家和艾瑞克森太太一起看電視。艾瑞克森精心替約翰培育的角色獲得了延伸；現在約翰是艾瑞克森太太的朋友，視自己是她的拯救者和保護者。他們每天散步，當她去旅行時，他會替她看家並照顧狗。

艾瑞克森達到改變約翰角色和建立滿意關係的治療目標。他採用可操作的小步驟進行治療，又持續長久的擴展工作，直到治療目標達成。艾瑞克森提供約翰不少負責任和擔負新角色的參考經驗，之後，他「整合」了這些經驗。間接溝通的做法貫穿了整個過程。他沒有為約翰設立偉大的目標，也不認為約翰可以有正常的社交生活和職業適應；然而，他能在艾瑞克森家人的保護下，過著更豐富、自主的生活。

這是一個艾瑞克森如何為激發未來可用的反應而預留伏筆的佳例。有一次我和著名的家族治療師卡爾·華特克（Carl Whitaker）談到艾瑞克森。他說：「那個艾瑞克森一定有某種特別的左腦。」當時我回答：「不是，他可能是一個非常有直覺的人。」在更了解艾瑞克森之後，我同意他的說法——他一定有某種特別的左腦。

艾瑞克森的風格

　　這個故事裡最令人驚訝的部分，是艾瑞克森在這個案例裡所做的並非少見。如果他打算要做催眠引導，他會要他的孩子去病人的家裡，去了解走上病人住家前面臺階是什麼樣的感覺；在做催眠引導時，艾瑞克森會引導病人想像走上臺階的畫面，病人很快地就會理解到艾瑞克森指的是他的家。

　　我記得艾瑞克森之前有一位被丈夫毆打的病人，艾瑞克森告訴她她的丈夫可能有殺人傾向，她應該離開家，搬到鳳凰城，他甚至說他會借錢給她，讓她展開新的生活。那個女人並沒照著艾瑞克森的建議做，但她知道艾瑞克森是認真的。他願意幫助病人找到改變動力的範圍似乎是無限的。

　　他有一位已經治療了十三年的病人，她有急性發作的歇斯底里精神病，每當她精神病發作時，就會來找艾瑞克森，然後她就能走出治療室，過獨立於治療之外的生活。治療的目的是讓她遠離醫院，盡可能過自主的生活。

　　這位病人也經歷過一段酒癮期，在這段期間，艾瑞克森會叫他的兒子羅伯去檢查她家，確定她沒有藏任何酒——羅伯很擅長找東西。然後他派當時十幾歲的女兒克莉絲提和蘿西去照顧這個病人，以確定她沒有喝酒。艾瑞克森想盡可能避免精神科的住院治療。

　　這位病人被母親掌控，在一次的諮商中，艾瑞克森面質這位母親，要她離開她女兒的生活，她勃然大怒，從艾瑞克森家走了十哩到機場。艾瑞克森扎實的拳頭包裹在絲絨手套裡，他當然可以直接出擊，然而他選擇和這位母親維持良好的關係。他的面質被視為能

力的象徵，而不是一種污辱。（這個個案並不是白人，艾瑞克森基於對她的種族文化有更多了解下，才做出這樣的面質。）

在某個程度上，艾瑞克森的治療特色是創新，也是不落俗套。從 1949 年到 1970 年，當他住在賽普勒斯街的時候，他的辦公室就在家裡，病人的等候室就是他的客廳。那間屋子有四個房間：一間男孩房、一間女孩房、一間他們夫婦倆的主臥室，還有一間留給艾瑞克森當辦公室（傑‧海利說那間房間只有鴿籠般大）。病人在客廳裡邊等邊跟孩子玩，祕書在餐廳的桌子上打字，艾瑞克森的辦公室就在餐廳的後面。

這就是艾瑞克森學派進行家族治療的方式，艾瑞克森的家人也一起為病人做治療，這個家庭除了治療之外，沒想到過其他的事；這是身為艾瑞克森家族一份子的一部分。

我希望這些故事和回憶片段，能或多或少呈現艾瑞克森治療的人性面。我知道有時候他的案例讀起來像歐‧亨利（O. Henry）的短篇故事，先堆砌出一個結局，然後再急轉直下，揭露艾瑞克森的做法；我也知道艾瑞克森經常像一位提供快速有效治療的技師。但這個魔術就像所有的魔術一樣，只是一種幻覺。艾瑞克森為他的病人們投注大量的精力，反覆讓他們知道他願意盡其所能幫助他們；知道有人關心自己，便是藏於復原背後一股主要的力量。

第二章

艾瑞克森學派的
治療取向

艾瑞克森學派的治療取向脫離了傳統心理治療的框架,以個別化多層次溝通突破人格理論的限制,並善用病人的價值觀來激發其內在的資源,進而達成治療目標。

艾瑞克森學派的治療方式可能是西方世界成長最迅速的心理治療領域。在 1980 年 12 月和 1983 年 12 月的艾瑞克森學派催眠暨心理治療國際會議，有來自超過二十個國家將近兩千名專業人員參加；這兩個會議都是針對催眠治療議題所辦過最大型的會議。這顯示了催眠治療最終已進入主流地位，也象徵著艾瑞克森的工作已久遠超脫了傳統心理治療的框架。

脫離當代傳統的艾瑞克森治療取向

心理學一直是致力於回答「為什麼」問題的科學。但「如何是」的問題幾乎付之闕如；經過進一步探究，我們將會發現這樣的現狀是傳統上歐洲科學界向來高舉理論和實驗超越臨床工作的結果。對於將心理治療回歸為結果導向，米爾頓‧艾瑞克森的努力無人能及。

讓我們簡短地回顧一下醫學史。美國的盲目愛國主義者向來將心理學視為獨立於歐洲根源的本土發明，從二次世界大戰以降，這樣的態度受到強化，當時大多數的歐洲心理學家紛紛轉向西方，尋求心靈問題的解決之道。因為歐洲的教育體制對理論的重視遠勝於實務，歐洲大陸隨時都有來自於美國的訓練師，從事臨床訓練的工作。

然而，進一步觀察，我們會發現美國的心理學和心理治療是浸潤在歐洲傳統下的年輕學科。心理學由三個部分所構成——理論、實驗和臨床工作，但理論模型的建構和實驗證據的研究，向來主導著心理學領域。大部分的心理治療者憑藉著他們的臨床經驗，想找

出問題的根本究竟是源自生物醫學、個人內在心理，抑或人際關係，他們都在問「為什麼」的問題。

儘管美國實用主義者根植的「如何是」已經對科學界和實務界帶來原創性的貢獻，但「如何是」的態度在心理治療診間依然缺席（cf. Haley, 1982）。治療師和病人談論著過去歷史，以及「為什麼」現在這個問題會存在；大多數的心理治療都是考古學，希望透過挖掘心靈「被埋藏的寶藏」來解釋「偏差」是如何發生的，他們通常秉持著解析現狀必然會導致改變的假設，但這個想法不周延之處，就如同認為分析結構的組成方式就會造成功能上的改變。

儘管如此，很多心理治療師長期以來只著重現象的理解、描述和理論化，促發改變通常擺在次要的地位。建立理論和進行實證研究，被公認為是「高層次」的學術活動。心理治療專業人員往往只關心治療方法對病人的療效，要是能發展出一套制式的治療步驟便感到滿意，並把這步驟一視同仁地套用在不同病人身上，沒有考量到每位病人在思想、感覺和行為上的個別差異。（艾瑞克森將這種做法比喻為一名婦產科醫師替每位新生兒接生時，都用鉗子來導產（Zeig, 1982, p. 255）。）

運用不同的溝通媒介

相反地，文學、詩歌、繪畫、戲劇和音樂這些藝術已經發展出許多具影響力的表現形式。最有效率的藝術家，是最能善用獨特媒材來強力催化情緒和渲染觀點的人。治療師應當能從這個例子中獲益不少。

或許這個例子對他們的工作而言不夠貼切，還不足以引發他們思考。事實上，理論廣泛受到重視，或許是由於在艾瑞克森之前從來沒有這樣的一種模式，能夠在治療上運用所有傳遞訊息的溝通媒介——文字、聲音、語調、身體姿勢……等，為不同個體量身訂製一套改變的方針。

　　艾瑞克森不僅創立了第一套這樣的模式，他也是一位超凡不群的人。他的溝通相當精確，治療過程中的每個字、每個動作都值得分析；他很少虛耗精力，每一則溝通訊息都是為了達到治療效果的精心擘畫。

　　當大部分的治療師學著如何當一位傾聽者，艾瑞克森訓練自己成為一位溝通者。如果他改變話題或移動他的手，他都清楚意識到可能的後果，並準備面對病人的反應。

　　艾瑞克森對改變而不是理論感興趣，他認為明確的人格理論是限制治療師的阻礙，它只著眼於狹隘的問題和規則，而不能釋放他們去覺察和運用個別與人際間的差異。他說過他不理解為什麼心理學家要去建立廣泛的人格理論，每一種人格都是不同的。當治療師使用某種理論進行治療時，他會去留意支持該理論的證據；我們只聽到我們想聽的。他舉過一個列出一長串單字的例子：saddle（馬鞍）、stable（馬棚）、hay（乾草）、house（房子）、bridle（馬籠頭），他指出我們會傾向於將 house 讀成 horse。他知道我們有功能固著（functional fixedness）的傾向，應該努力去克服會讓我們產生和維持限制的因素。

　　為了幫助他的病人達成這個目的，他成為個別化多層次溝通（individualized multilevel communication）的大師。我們知道心理

治療是讓慣用的不良適應模式產生關鍵性的改變（Zeig, 1982, p. 258），改變可能發生在症狀、人格、社會系統或是這些因素的任何組合。策略性的改變會引起系統性的反饋，例如，如果症狀有所修正，人格和社會系統將會有進一步的改變（cf. C. Lankton, 1985）；反過來說，當治療師改變人格和社會系統，症狀也會隨之改變。無論支點是在症狀、人格或系統，引起改變的槓桿始終是個別化多層次溝通。

而艾瑞克森運用它的方式是絕無僅有。

多層次溝通

艾瑞克森學派主要的治療工具是心理層次的（間接的）溝通（cf. Lankton, Lankton & Brown, 1981; Lankton & Lankton, 1983）。海利（1982, p. 7）提到艾瑞克森最偉大的技巧之一，便是他能夠間接地影響人。他就像一名鐘錶匠，將鐘整個翻轉過來，由背後進行細膩的修補工作，讓鐘能再次正常運作，他通常不會搖晃時鐘讓它繼續走（Zeig in Van Dyck, 1982, p. 40）。

艾瑞克森在開創間接溝通技巧時，提到溝通存在於多元層次，包含語言內容、非語言行為和涉及兩者的種種暗示。事實上，間接溝通就是暗示，而非外顯的內容；間接就是反應的發生不需要對受試者有全然意識的歷程（Zeig, 1985a）。艾瑞克森對於多層次溝通的運用相當純熟，他能夠在全然不知觀眾背景的情況之下，和一位示範的受試者進行私人、切身的對談（Haley, 1982）。

一些專家主張只有少部分的溝通反應是來自語言內容，大部分

的反應來自下意識對於暗示的覺察。針對溝通的研究指出：溝通最重要的因素是一個人所知覺到的訊息效果，而非圓滑的技巧或是訊息本身的意涵（Haley, 1982）。結果遠勝於結構。

艾瑞克森了解這一切。他結合上述這些知識，運用病人自身的價值體系，同時引導病人獲得內在資源的連結，促發病人在真實情境中改變，直到有足夠的內在資源連結讓病人自動產生改變，這一切都歸功於他們自己的努力（Zeig, 1980a, p.11）。從治療一開始，他就相信病人是個完整的個體，有足夠的資源達成治療目標。艾瑞克森和那些受他影響的治療師，他們的治療工作就是幫助病人運用先前不自覺的改變潛能。

以這樣的方式，他展現完全不同於以往治療師的作為，他在各個面向都顛覆傳統。

傳統上，治療的基礎是分析和理解。根據某學派的理論取向，治療師會回溯到病人的過去，找出病人現狀的「真正意義」，通常這涉及面質和分析病人的軟弱和缺點。因為我曾接受過下列治療取向的訓練而獲益良多，我可以提供一些過於簡化、帶點玩笑性質的例子。例如，如果一位病人進入治療室時說：「今天天氣真好。」心理分析師可能會說：「你剛才對我說話的方式好像我們很熟，我想你是不是把我當成你過去認識的人。」然後這位治療師將會在關係的移情部分工作。（這是分析師的致命傷，不幸的是，生活本身經常會扭曲移情的樣貌。）

如果是一位溝通分析取向的治療師來回應剛剛的對話，他可能會說：「啊，我記得這句話的關聯性。它是你過去腳本的開端，會將你帶進競爭的僵局和惡劣情緒的漩渦，那會加強你失敗者的悲劇

生命腳本，所以有話直說。」

　　一位完形治療師可能會對這個情境有不同的回應：「啊哈，這裡就是你的未竟之事。把那天放在這張空椅子上，對『那天』說話，然後再把自己當成『那天』，對你自己說話。」

　　以上三例心理治療的精要之處都是解析。病人的表述經常是多層次的，無法意識到自己真正傳遞的訊息。而治療師明顯的任務，就是去幫助病人理解過去的脈絡或是現在的肌理。

　　但是我們不去推斷種子的本質，也能欣聞花朵的馨香（Zeig, 1985a, p. 318）。艾瑞克森學派的治療取向主張如果病人具有一語多關的表述才智，心理治療師也要具有同樣的才智，使用一語多關的話語來達到治療效果（Zeig, 1980a, xxviii）。

　　使用治療性的多層次溝通並不是一種新的概念，伯尼（Eric Berne）（1966, p. 227）主張每次溝通都包括社會層面和心理層面；同樣地，貝特森和盧斯奇（Bateson & Ruesch, 1951, pp. 179-181）提到每次溝通都同時具有報告和命令的意涵；瓦拉維可（Watzlawick, 1985）指出每次溝通既是指示，也是命令。眾所周知，溝通提供的不僅是資訊，溝通也同時告訴聽者去「做某事」。但是艾瑞克森善用這樣的知識，他的治療取向運用了溝通的命令面，因為這個層面具有療效。因此，治療不再奠基於理解之上，效果才是治療的一切。

　　對運用影響心理層次溝通方式的治療師而言，治療溝通可以是模糊、不直接、隱喻和缺乏邏輯的，它包含似乎毫不相干的作業。這樣的溝通不需要具體、合乎邏輯和切中要點，因為艾瑞克森知道這些都將帶來毫無必要的限制。

從一個方面來看，艾瑞克森的治療取向是一種謙恭有禮的治療（Haley & Weakland, 1985）。[1] 如果病人用多層次的方式交談，這時去打斷他的談話，指出他一直用隱諱不明的方式說話，並加以分析讓他理解，這種做法不僅可能毫無效益，還會直接冒犯當事人。

例如，如果一個病人因為身心症的問題求診，治療師懷疑他真正的問題可能是得了憂鬱症，他面質病人說：「你其實並沒有任何生理上的問題，你真正的問題是憂鬱症，我會治療你這個問題。」但一位艾瑞克森取向的治療師會很客氣地談病人的身體問題，也會採用多層次散布技術來進行溝通並給予作業，創造一個讓病人發掘內在資源和了解個人潛能的改變情境。這個取向在一定程度上更為有效，部分是因為它尊重病人的否認機制。我們都會自我欺騙，而否認就是自欺的偽裝，透過否認的防衛機制，我們都能獲得心裡一時的舒慰。通常不必去戳破這個情況，如果真的有必要，迂迴的巧計會比尖銳的挑明來得好，它所帶來的破壞性和抗拒都較少。

治療技術的定位

艾瑞克森不只反對理論，也反對用制式的「食譜」治療。他不談特定的技術，而是偏好倡導「善用」（utilization）的治療概念。

「善用」基本上是指技術來自於病人，而不是來自治療師本身。無論病人使用什麼樣的技巧讓自己變成一個功能不良的人，治

---

[1]　原註：在酒癮患者的例子中（12/5/73），我們將會見到艾瑞克森使用粗魯無禮的綜合治療方式。

療師都能以其人之道，促使病人過更有能力的生活。例如，如果一位病人用「思覺失調式的說話」來和治療師保持距離，治療師也能採用同樣的溝通方式來和他建立會心的關係。善用也是指最好不要把病人放到預設的技術框架裡；相反地，我們應該為每一位病人量身訂製一套心理治療方式（Zeig, 1982, p.255）。

除了善用之外，艾瑞克森的治療特色並非是技術，而是關於治療的一般概念，也就是生活態度。其中一個是彈性的取向，艾瑞克森會盡其所能地促發改變，包括解析、間接暗示或是催眠。（艾瑞克森最小的女兒克莉絲提·艾瑞克森醫生將艾瑞克森學派的治療取向稱為「只要有效都可用的治療」。）在他晚年時，他甚至連看診時間的長短都很彈性。每次療程的時間長短由治療目標決定，而不是由時鐘決定。他可能只花十分鐘看一個病人，也可能花上四個小時，然後再依此來收費。

另一個讓艾瑞克森的治療如此獨特的態度，是他預先揣想的能力。他會先在心裡盤算預計的治療效果，然後想出一個達到這個效果的方法。

他是個未來導向的人。在他過世前的四個月，我突然問他：「你有什麼計畫？」他毫不猶豫地回答：「去看蘿西安娜（他的女兒）的小嬰兒。」他第二十六個孫女蘿莉在幾個星期後出生。

當一個目標達成後，他會立刻設立新的目標。就如同他的父親在九十多歲高齡時還會種下果樹幼苗，在艾瑞克森死前的一個星期，他還跟太太確認是不是買了各類的蔬菜種子，並關切地表示今年春天花園的播種有點太遲了。

艾瑞克森經常提到：「生命是活在當下，而導向未來。」很不

幸地，絕大多數治療師所接受的訓練並非是策略性目標導向。

　　雖然是目標導向，他並沒有想要運用特定的介入方式。他的心智策略相當彈性：病人現在的處境是什麼？病人能改變成何種樣貌？病人需要什麼樣的資源完成這個轉變？艾瑞克森會做些什麼去幫助病人激發他的內在資源，進而達成治療目標？他的做法是增強病人的正面經驗，而不是去分析病人的缺陷。

善用取向的治療要點

　　當其他人對於善用資源的概念還處於口惠而實不至的階段，艾瑞克森已經徹底實踐這個概念。

　　接下來要提的這個過程，是心理治療中最重要的部分。任何介入都一定要妥切安排和預埋伏筆，然後必須接著執行適當的跟進動作。（我的一個學生羅伯·史瓦茲心理博士（Robert Schwartz, Psy.D.）將這個方法稱為 SIFT-Seed〔播種〕、Intervene〔介入〕、Follow Through〔跟進〕。）艾瑞克森能細膩掌握這個過程，善用病人的人格特質，小範圍執行介入的工作。他並不是只採用大動作的介入方式，相反地，他通常將一個作業分割成許多小步驟，先讓病人同意去做第一個步驟。這些小步驟隨即能「貫穿相連」為整體。到那個時候，他整個介入動作就完成，而一開始病人所同意的僅是一連串步驟裡的一小步。

　　提供艾瑞克森詳細的治療模式似乎有違其學派的觀點。然而，我將列出善用取向裡的一些要點：

1. 辨識病人的資源（未發掘的能力）。

2. 評估病人的價值觀，例如，病人喜歡什麼、不喜歡什麼（這也能成為病人資源的一部分）。

3. 善用病人的價值觀來開發他的資源（更多關於辨識和善用病人價值觀的資料，參閱 Yapko, 1985）。艾瑞克森所自豪的高「命中率」暗示，是來自他覺察的工夫及對細節的留意，特別是他善用病人的價值體系。

4. 直接或間接地連結開發出的資源與問題。

5. 第四個步驟最好採小步驟進行，建立信任、投契（rapport）的關係和改變的動機，自始至終都試圖引導病人產生自發的改變。艾瑞克森相信從做中學是病人最佳的學習方式。治療的動作必須與病人切身相關，也必須和他的價值體系緊密結合。

6. 任何的行為，甚至是抗拒，都能被治療師接受，並善用它成為有效的治療工具；任何的情境都能被治療師接受，並轉化為療效性的運用。

7. 戲劇能提高病人對於指令的反應。

8. 在激發反應行為之前，要預先植入概念的種子（seeding ideas）。

9. 時間點的掌握是重要關鍵。治療的過程涉及步調的調整、舊模式的崩解和新適應模式的習得。抗拒的發生通常是因為不夠留意這些過程。

10. 治療師（和病人）必須懷抱著期待的心態。

這裡有一些例子：

a. 有一個真實性有待考察的例子，內容關於一名學者要他的一位研究生去做一個實驗。研究生要到教室中找兩名大學生，給其中一名一枚一角的硬幣，給另一名一元的硬幣。但兩名學生未被告知誰會拿到一角，誰會拿到一元。

在未知會研究生的情況之下，這名學者在實驗進行前，私底下分別找來這兩名學生。他告訴其中一位：研究生將會給他一角的硬幣；告訴另一位：研究生將會給他一元的硬幣。

當然，期待一元硬幣的學生通常會如願以償（Zeig, 1982, p.262）。期待和確信並不能保證結果的必然性。然而，卻能幫助某個病人抱持著獲得一枚完整一元硬幣的期待。

b. 史可恩（Schoen, 1983）報告過一個案例，病人先前接受過治療，但仍然無法克服一個習慣上的問題。在接受艾瑞克森治療一年之後，這個病人成功地克服了問題。當被問到是如何克服他的問題時，他指出：「艾瑞克森相信我能征服這個難題。」

c. 艾瑞克森太太（私人通信，1984 年九月）記得一回艾瑞克森在社交場合做心理治療，他們當時在一個座椅面對面的機艙裡。坐在他們對面的一位男士認出艾瑞克森是有名的精神科醫師。艾瑞克森太太寫道：

> 他用很不尋常又充滿敵意的方式，提到他自己並不期待這次的旅行，因為每次搭機他的暈機症狀都很嚴重，他要求艾瑞克森給他一些建議。接著，米爾頓很正經地告訴他用某

種特定的方式壓他的拇指，以緩解這些不適。每當他覺得噁心、疼痛或緊張，就用力的按壓拇指，直到開始覺得痛。只要按照這個方式做，他不適的感覺就會消失。

我記得當我坐在那裡，聽他解釋這個方法時，心裡想：「這怎麼會有效呢？米爾頓完全不認識這個人。這個方法怎麼可能成功？」

但事情完全出乎我意料之外，在飛行當中有兩、三次，我看見那個男人表情嚴肅地認真做著這個動作。當空服員送來中餐，他盡情地飽餐了一頓。

11. 後續跟進——基本上就是測試治療介入的成效。第一個技巧是要病人在診療室，當著治療師的面練習新行為；另一個技巧是對病人後續追蹤；第三是讓病人用想像的方式練習新的行為。跟進和植入種子既是微觀又宏觀；治療流程的每個步驟都能植入種子並驗收成果，以確認成功引發了治療反應。

正如我們之後將會看到的例子，治療通常是在可行的狀況下，讓病人去做他們想做的事。有時候過程會涉及克服個人發展上的困境，但治療並不意味要去解決所有過去、現在和未來的難題，也不是自覺和成長。「成長」並不是依附在治療之上，而是獨立於治療之外。

艾瑞克森學派的治療取向並不認為治療能帶來永遠順遂的人生，反而相信治療能幫助病人在短期內克服眼前的困境。如果有必要，他們之後會再回來尋求治療。在這個歷程裡，他們會學習到寶

貴的問題解決技巧。

然而，他的治療不只是短期的。當病人有長期治療的必要時，他也會和病人接觸一段時間。這些延伸的治療仍然是目標導向。

喬是艾瑞克森最著名的案例之一，這個例子是他目標導向做法的最佳註腳。（關於這個案例更詳細的報導和相關的倫理議題都記載於 Zeig, 1985b。Haley, 1973 也對這個案例有詳盡引用和報導。）留意艾瑞克森如何以相互貫穿卻又錯落散置的方式，運用了上述十一個善用取向的治療步驟。

喬的案例

艾瑞克森（1966）提到他對這名個案使用非正式的催眠方式，也就是心理層次的溝通——多層次散布技巧；在這個案例中，是用在疼痛控制上。

喬是一名花農，他面臨末期癌症的威脅；高劑量的止痛劑導致他有中毒的情況，但對疼痛緩解幾乎沒有幫助。一位親戚要艾瑞克森到醫院替喬看診，用催眠來做疼痛控制。在見喬不久前，艾瑞克森知道喬甚至不喜歡聽到「催眠」這個字眼。還有，在艾瑞克森替喬做治療時，喬一個當精神科住院醫師的兒子也會在場，他本身並不相信催眠，喬也知道這點。

當艾瑞克森在醫院見到喬的時候，他懷疑喬甚至不知道他去那裡的目的。由於喬做了氣管切開術，不能講話，他用寫的和艾瑞克森溝通。艾瑞克森開始了持續一整天的治療，他說道：

喬，我想要和你聊天。我知道你是一個花農，你培植花卉，我在威斯康辛的一個農場裡長大，我喜歡種花，到現在還是喜歡。現在，當我對你說話的時候，我希望你能坐在那張舒服的椅子上。我會對你說很多事情，但那都跟花卉無關，因為對於花卉你比我懂得多。**那並不是你想聽的。**（粗體字在這裡是表示多層次散布和催眠的暗示，音節、單字、句子或片語都可能用稍有不同的語調來傳達暗示。）

現在我說話的時候，我能夠很**舒服地**說著話，我希望當我說著關於番茄的種植時，你會**舒服地**聽我說話。這真是個奇怪的話題，它讓人**好奇，為什麼要談番茄這種植物呢**？一個人把番茄種子播在土裡，他**將會希望**種子長成一棵番茄，它的結果**會帶來滿足**。種子浸潤在水裡，一點也不太困難。能夠如此，是因為雨水帶來**安詳與舒適**。（Erickson, 1966, p.203）

喬喃喃自語說著關於番茄的種種，回應了多層次散布的暗示，之後他出院，體重和體力都增加了，用很少的藥物來控制疼痛。艾瑞克森之後又去看了喬一次，再次使用他間接的溝通技巧。

評論

艾瑞克森（私人通信，1976 年 3 月 4 日）自己評論這個案例：

喬的老婆、女兒和姊夫都在聽（當我做治療的時候），最後他

的太太打斷我的話，要我開始催眠。她很驚訝地發現催眠已經做完了。我一直對喬說的，他們都認為是一些無意義的話。

當你檢查腹部看是不是得了盲腸炎時，你會先從腹部上離盲腸最遠的點下手，再慢慢接近重點部位。

……我盡可能由離喬的癌症最遠的地方著手，不去觸及癌症的病情。事實上，我說了很多喬解讀為經驗性學習的話語，他原本自認已經永遠喪失這樣的能力，直到他獲得充分的正向連結滋養，足以取代他憎惡的事。（節錄自 Zeig, 1985b, pp. 464-466 對於整封信的報告。）

艾瑞克森理解到喬獲得了意識之外的學習，使得疼痛控制變得可能。他運用喬的價值體系，由談論植物著手。他結合了戲劇，並提供能修正喬注意力的框架，從這樣的方式開始，將喬遠遠連結到不舒服的狀態之外。精要之處就是建立於小步驟的間接溝通。概念被導入，而接著加以發展。習慣的不適應模式（疼痛）被瓦解，而新的模式（安適）被引出。艾瑞克森既沒有挑戰、也沒有分析病人疼痛的需求，或是病人對於治療的抗拒。事實上，艾瑞克森也沒有把自己當成改變的觸媒或正式催眠這個病人，但他確實讓病人經驗到「如何」變得不同。

芭比的案例

另一個類似案例記載於薩德（Zeig, 1985c）發表的期刊中，關於神經性厭食症的病人。這個療程的完整逐字稿記載於《跟大師學

催眠——米爾頓‧艾瑞克森治療實錄》（Zeig, 1980a）一書當中。

　　艾瑞克森沒有立刻同意治療芭比。當她的母親第一次打電話來時，他說他必須考慮一下這個狀況；幾天之後她再次打電話給他，他同意接這個個案，並告訴這位母親帶她的女兒來鳳凰城。

　　在前兩次的會談期間，艾瑞克森問芭比問題，大部分都由媽媽代答。第三天，媽媽抱怨芭比半夜輕聲啜泣，吵醒了她。艾瑞克森面質芭比自己同意她該為這個錯誤受到責罰。艾瑞克森私底下要媽媽處罰芭比，罰她吃兩個炒蛋。在同一次療程，當時芭比也在場，艾瑞克森面質媽媽，要她讓芭比自己回答問題。

　　在接下來的幾次療程，艾瑞克森對芭比說了許多關於生活情境的小故事，有一些故事和他自己的童年有關。然而，每則故事都跟食物有關。在來亞歷桑那兩週後，媽媽提議和芭比到大峽谷去遊覽。艾瑞克森告訴芭比他應該照顧她的健康，要她答應每天刷牙，並使用兩次漱口水。他告訴她可以用任何的含氟牙膏，但她打算用魚肝油當漱口水。

　　接下來的一次療程，艾瑞克森面質媽媽的體重。他說她的體重低於正常標準，同時給芭比一個工作：如果媽媽沒有吃光盤裡的食物，她要立刻通知他。有一天芭比說她忘了告訴艾瑞克森媽媽沒有吃光正餐。艾瑞克森罰她們兩個到他家吃起司三明治。

　　芭比和媽媽同意艾瑞克森的要求，她們要達到目標體重才能離開鳳凰城。艾瑞克森建議了幾個目標體重值，芭比挑了其中一個。當她們達到目標體重時，父親和其他的家庭成員都來到鳳凰城。艾瑞克森責怪父親的體重低於標準值五磅，因為這對芭比可能是負面的示範。這裡是他如何和芭比及其他家庭成員會談的情況。

我把那兩個年紀較大的手足叫進來，問：「芭比什麼時候開始生病的？」他們說大概一年前。「她生病時是什麼樣子？」他們說：「當我們其中一個想要拿任何食物給她，水果、糖果或一份禮物，她總是說：『我不配得到它，你們自己留著。』然後我們就自己留著。」所以，我把這解讀為暴力行為，剝奪了憲法（constitutional）賦予他們妹妹的權力。我對他們指出：無論芭比如何處置禮物，她有權力接受禮物。即使她把禮物丟掉，她也有權力接受。「你們這些自私的人，只因為她說她不配得到禮物，你們就把禮物留給自己。你們掠奪了妹妹接受禮物的權力。」他們都得到適當的譴責。我讓他們出去，要芭比進來。

　　我說：「芭比，妳什麼時候開始生病的？」她說：「去年三月。」我問：「妳生病時是什麼樣子？」她說：「嗯，當任何人給我食物、水果、糖果或禮物，我總是說：『我不配得到它，你們自己留著。』。」我說：「芭比，我為妳感到羞恥。妳剝奪了妳的兄弟姊妹和父母給妳東西的權力。妳怎麼處置那些禮物沒有什麼差別，他們確實有給妳禮物的權力，而你剝奪了他們給妳禮物的權力，我為妳感到羞恥，妳應該為自己感到羞恥。」

　　芭比同意她應該要讓父母和兄弟姊妹給她禮物，並不是因為她必須要使用它們，而是無論她如何處置它們，他們都有給她禮物的權力（Zeig,1980a, pp. 140-141）。

　　芭比回家後，寄自己進步的照片給艾瑞克森。在每一封信裡，她都間接提到了食物。她的體重增加，且生活適應良好。

評論

因為我見過芭比，也和艾瑞克森討論過，所以我能夠自己評論這個案例。艾瑞克森之所以沒有立刻答應見她們，可能是想增加她們的期待和動機。當我問艾瑞克森為什麼讓芭比的媽媽替她回答兩天的問題後才面質她，他說他想等到和她建立起投契的關係，也希望在他進行介入之前，讓她們的互動模式更為凸顯。艾瑞克森在芭比面前策略性地面質母親，是想要細緻地改變芭比對母親的態度。

芭比有一部分的價值觀認為自己不配得到那些食物，好像她只配得到處罰，因此，艾瑞克森沒有囑咐芭比要為了攝取營養而進食。相反地，他將食物當成一種處罰。芭比接受這種介入方式，因為這和她自己的價值系統吻合。然而，當她將食物當成一種處罰時，她的身體卻接受它成為營養素。

艾瑞克森用了多層次的散布技巧（Erickson, 1966）來引發內在的連結。在他所說的故事裡，他所散布的食物概念與不同的社會情境結合。他要芭比建立足夠的正向連結，使得她能夠開始替換不良的適應模式。食物將不再令人厭惡，也不再是種處罰。改變的發生是由於芭比能夠掌控情境，她不是直接被告知何時和如何改變她的厭食症。在某些介入裡，她被允許有更多替自己做決定的空間。然而，這只是「選擇的錯覺」。芭比的選擇仍在艾瑞克森所設限的範圍內，只包括對治療有益的選項。同時，因為她認同當一個「好女孩」的價值，所以她有義務遵守承諾及服從「處罰」。

艾瑞克森所開立的漱口水介入處方是逐步改變的伏筆。他再一次讓芭比同意去做符合她價值體系的事情。只要她不吞進去，讓她

用魚肝油當漱口水是毫無問題的。然而，她沒有意識到艾瑞克森處方裡的策略性暗示。他正在鬆動她僵化的態度，開始控制她把什麼放進嘴裡。

▍由家庭治療著手

艾瑞克森致力於改變芭比的社會角色，她是一名犧牲者，但她不承認自己是犧牲者的角色。艾瑞克森將她擺在迫害者和拯救者的位置（Karpman, 1968），讓她留意母親的「飲食問題」。

艾瑞克森對整個家庭進行治療。然而，艾瑞克森並不同時見所有的家庭成員，他和他們分別見面。芭比很可能是遵照著父母在意他們自己體重的腳本，演出了一場誇張的模仿劇。因此，艾瑞克森責難父親的飲食態度。

神經性厭食症的問題往往潛藏著許多被動的議題，芭比的手足們由於被動而受到艾瑞克森的指責。他們不能再剝奪憲法賦予他們妹妹的人權。（選用**憲法**一詞是因為它具有雙重指涉，艾瑞克森不僅是指芭比的法律權，也是指她對於個人體型的主張權。）

艾瑞克森很高興收到芭比寄給他的禮物和信件。他們持續通信，直到艾瑞克森於 1980 年過世。芭比的每封信都間接提到食物；她也寄給他一隻蘋果洋娃娃和一些用紙黏土做的花。我相信艾瑞克森把芭比的信和禮物當成治療持續有效「證據」。她不自覺的溝通訊息和許多艾瑞克森獨到的食物暗示，在同一層面上相互呼應。

這是一個成功的案例。多年以來，艾瑞克森太太一直和芭比保持連絡，她在個人和社會方面都適應良好。

在喬和芭比的例子中，艾瑞克森運用了善用取向。此外，他決

定了治療目標，而非向病人清楚描述治療契約。特別是在芭比的例子裡，艾瑞克森進到他未獲邀的領域工作，像是社交的範疇。他的治療取向特色是：你可能不會得到你要求的一半，但你會得到議定的兩倍。

艾瑞克森處理芭比拒絕接受「禮物」的方式，維護了她的自主權。她不需要吃光禮物，只需要接受它們，因為這種方式符合她的價值系統，她無法否認接受禮物是對的。然而，接受是讓她有可能進食的正面步驟，正如先前所言，心理治療是建立在微小的策略性改變上。我們留意到艾瑞克森面質芭比和其他手足的並不是食物，而是「禮物」；食物本身並沒有被強調，而是用不同的視角來呈現，也就是「禮物」。

第三章

天生的催眠大師

透過實際的案例，多方呈現這位催眠大師如何
巧妙地採取不直擊要害的介入模式，並善用軼
事、情境及對隱微線索的覺察力來協助個案。

前言

　　透過艾瑞克森的個人治療和專業督導的情境，我成為一位更為正向積極的個人和有效率的治療師。在本章當中，我將呈現一些能憶及與艾瑞克森的互動經驗——那些描述他身為一個人和一位治療師的經驗；我也會提到艾瑞克森以前的病人和學生向我描述的一些經驗。艾瑞克森經常被視為一位絕頂聰明的技匠。寫出這些短文的目的之一，是要呈現出我所看到的他——首先是一位卓越不凡的人，再來是一位治療大師。

　　傑‧海利（Jay Haley, 1982, p.5）提到，他幾乎沒有一天不用到從艾瑞克森那裡學來的某些方法；對我來講，那是以每個小時來衡量的！艾瑞克森治療模式中許多傑出的面向，都足以說明我熱衷於此的原由，這些面向在接下來的案例中會很清楚。艾瑞克森取向的教導、督導和治療都是基於一般常識。他通常會以簡單、常識性的治療介入，搭配戲劇化的呈現方式，使得他的建議產生矚目的效果。他會因人制宜地調整訊息傳達的內容和方式，使聽者能夠輕易理解，並對其間所蘊含的指令有所回應。最後，艾瑞克森會間接地激發反應，例如，他通常以譬喻或軼事的方式來表達一般常識性的建議。艾瑞克森用這種方式保持一貫「不直擊要害」（one-step removed）的介入模式，正如我們將看到的，這是有效治療溝通的重要元素。

　　艾瑞克森將他想傳達的訊息個別化的能力，是來自於他對隱微線索的觀察；他留意到一般人容易忽略的小事，例如，人們通常慣於忽略感官經驗的訊息，特別是穩定狀態的訊息。人類的感官系統

是一個強力的「差異偵測器」，會注意到與特定情境不相符的行為模式。相反地，艾瑞克森訓練自己去留意與特定情境相符的行為，揀選出標示了病人內在資源的隱微線索。他知道建構出病人正面經驗的全貌，比分析他們的負面經驗更容易促發改變。我不認為艾瑞克森給予病人的建議有任何特別深奧之處，但正如之後會看到的案例，他的治療取向深奧之處，在於他始終運用顯而易見的事物。不幸地，許多治療師執著於動力結構，卻忽略顯而易見的面向。然而，艾瑞克森留意顯著之處，然後回饋給病人，讓他們能以習慣的因應方式產生療效。

情境和指令的運用

　　艾瑞克森治療取向的一項特色，就是他善用情境的能力。透過對於情境和（或）病人對情境反應的操弄，以產生治療性的改變。艾瑞克森會找出在當前現實情境中可用來產生療效的事物，他通常鋪陳出有利改變的情境，讓病人主動意識到他們先前未認知到、足以產生改變的能力（Zeig, 1980a; Dammann, 1982）。

　　他的治療並不侷限於人際互動與和心理的考古學。艾瑞克森了解改變發生在有效溝通的情境和善用情境的有效溝通。

　　艾瑞克森治療取向的另一個面向，就是他對所處環境敏感地產生同調的能力。他似乎總是能對他人產生影響力。他之所以能如此覺察周遭的一切，是由於他特別意識到溝通的命令面向。

　　正如在第二章提到的，瓦拉維可指出溝通既是指示，也是命令，每次溝通的指稱和內涵都呈現了雙重樣貌。溝通表現了所陳述

事實的指示面，而溝通的命令面通常包含了一則內隱的訊息：「做某事！」溝通的命令面促發了改變。

　　要說明什麼是「指示性」和「命令性」的意涵，我想到一則艾瑞克森早期學習催眠引導的指導語。這個故事表面上在說孩子如何學寫字：「當你剛開始學英文字母的時候，那是件相當困難的事。你『以前』有沒有在『t』上面多點了一點，在『i』上面多畫了一撇？你『現在』還會去算字母 n 和 m 分別有幾個凸起嗎？」

　　這則訊息比所陳述的指示面含有更多的訊息。在這兩個句子當中含有許多的指令，整體的指令是：「進入催眠狀態。」另一個指令是：「這一個作業（催眠）有它的難度，但你最後仍然能夠自發地完成。」在「t」上面多點了一點和在「i」上面多畫了一撇的例子，目的是要讓病人「產生困惑」。除此之外，病人被引導去回想過去的經驗。最後一個句子由過去時態變成現在時態，也是告訴病人要「專注在記憶裡」。

　　一位治療師的話或訊息很少直接促發改變。改變通常發生在病人回應治療師的指令時，回應他們聽到治療師間接要他們做的事。艾瑞克森比我所見過的任何溝通者更了解這個部分，也更敏銳地留意溝通的命令層面。

　　情境也是溝通的一部分，能夠作為命令層面的運用。有一個艾瑞克森善用情境的例子，發生在我第一次拜訪他的時候，當時艾瑞克森在整個心理治療界並不是那麼有名氣，那本將艾瑞克森推向鎂光燈焦點的書——《不尋常的治療》（*Haley*, 1973）才剛出版。

保羅的例子

在幾次的拜訪之後，我決定錄下艾瑞克森的治療過程，因此我帶朋友保羅一同前往鳳凰城。保羅精通攝影器材的使用，因為艾瑞克森的治療過程很少被攝影記錄下來，我們打算全程錄下他的治療過程。

我們安裝好器材，保羅當受試者，錄下了艾瑞克森出的催眠引導過程。艾瑞克森對著一個完全沒有催眠經驗的人進行催眠；他工作的重點是提高保羅接受催眠的敏感度，並提升他產生各種催眠反應的能力。

不幸地，我們卻沒有機會再欣賞到這個過程——帶子有問題，保羅忘了將麥克風接到錄影機上面，所以我們的錄影帶是一齣默劇。你們可以感受到我的措詞裡有責怪保羅的意思，對他的不滿溢於言表。我非常看重我和艾瑞克森學習的時間，現在我參與了那段時間，但錄影帶卻不能用。

當天晚上，我們三個談到這個問題時，艾瑞克森不讓我繼續責怪保羅，他說我對這個失誤也要負同等的責任，我接受他的看法，然而私底下我覺得他錯了。我告訴我自己，即使是米爾頓．艾瑞克森也會犯一個新手會犯的錯誤！他似乎不了解一卷寶貴的實況錄影帶，就這樣無法挽回地喪失了；這卷帶子已經毫無用處了。然而，我完全不知道艾瑞克森對這卷默劇帶子另有打算。

第二天，保羅和我在艾瑞克森的辦公室，艾瑞克森告訴我：「放那卷默劇帶子來看。」然後他特別看了保羅一眼，那個時候保羅正好坐在病人位置的椅子上，保羅看了一陣子就自動進入了催眠

狀態！艾瑞克森用那卷沒有聲音的錄影帶當成催眠引導的工具！

　　催眠引導的技術通常是讓病人回想起先前的催眠經驗，然後讓他進入催眠狀態。當保羅看到自己昨天的催眠影像，他立刻進入一次新的催眠。對他而言，錄影帶有沒有聲音是無關緊要的。保羅對錄影帶的情境相當敏感，他直覺知道艾瑞克森的意圖，自發地回應他的指令。

　　我連忙架好器材，記錄下這一天的催眠引導。即使仍然在催眠狀態，保羅右手僵直地抵住他的側邊（他慣用右手），離開座位走到錄影器材旁，用他的左手檢查聲音插座。他完全沒有意識到周遭環境以及他右手僵直的狀況。當保羅回到座位時，他往上看著艾瑞克森，緩慢而機械式地說：「我希望你能在我現在這個狀態，教我更多的東西。」

　　艾瑞克森認為保羅的僵直表現是側化行為（lateralized behavior）很好的例子。他之後強調，要不是有那卷沒有聲音的錄影帶，我們絕不會有這麼好的學習經驗。

　　這絕對是艾瑞克森如何善用情境的佳例。他僅僅操弄現實情境，就讓保羅進入催眠狀態，以「不直擊要害」的方式溝通，藉以形成一個讓保羅回應的指令。而且他很典型地強調了事件的正面性；原本「明顯無用的」錄影帶頓時變得很有價值！

　　順帶一提，第二次的催眠引導，是我遇過少數幾次艾瑞克森忘記事情的經驗之一。當錄影帶開始播放之後，保羅對於艾瑞克森細微線索的反應相當敏感。在引導期間，艾瑞克森看著我說了這麼一句話：「我看不出來到底發生了什麼事（I can't see exactly what is happening），但他的眼反射已經改變。」當艾瑞克森說話的時

候，保羅的眼睛是閉著的。

　　稍後艾瑞克森問我何時和為什麼保羅閉上他的眼睛，我不知道。艾瑞克森解釋說，保羅是當他提到改變眨眼反射的時候閉上了眼睛。但在看錄影帶的時候，我和保羅發現艾瑞克森錯了。事實上，當艾瑞克森說：「I can't see...」，保羅對於細微線索非常敏銳，所以他很快地閉上眼睛來回應字面上的意義。精確地照字面意義來回應指令，通常是一個好的催眠受試者的象徵。保羅把「I can't see」聽成「Eye can't see」的指令，並且精確地反應。

善用情境的實例

　　這裡是艾瑞克森善用情境的其他例子：

▍例一

　　艾瑞克森並沒有向我收取學費，我想要送他禮物來表達我的感謝。我當時並沒有足夠的錢來支付他的訓練費用，如果病人或學生沒有能力償付，他的風格是不收取任何費用。

　　艾瑞克森喜歡木雕，他收藏許多居住在墨西哥西北部沙漠的沙瑞印第安族（Seri Indians）創作的鐵木雕刻品。因此我送艾瑞克森一件木雕作品，基座是未經修飾的漂流木，雕刻品的上部是一個成形的鴨頭。當我把這件禮物拿給他的時候，他看看漂流木，再看看我。他看看漂流木，再看看我。然後他說：「嶄露頭角。」

例二

多年之後，在他死前的耶誕節，艾瑞克森送我一件鐵木貓頭鷹禮物。我向他道謝：「艾瑞克森醫生，非常聰明的禮物。」他的象徵意涵仍在。

例三

在 1974 年，有一次療程結束之後，艾瑞克森坐在輪椅上費力地征服由陽臺到屋內的坡道。我趕過去幫他，真的想要給他一點協助，但他拒絕了我的幫助，強調說：「一個人必須用他自己的力量，因為他知道自己所面對的處境。」然後他繼續把自己推進屋內。他抓住這個情境給了我一次機會教育。

例四

我知道艾瑞克森有兩次「意外地」將病人的檔案夾打開，留在桌上，病人能窺見內容。他的筆記通常十分潦草，兩次病人都讀到：「做得好！」

例五

我覺得他甚至利用電話來當作指導的方式。在辦公室進行訓練課程時，他通常會親自接電話，然後他會在剛剛停下來地方，精確無誤地連貫他的思緒。用這種方式回到先前的分割點，是一種稱為結構性失憶（structured amnesia）的技術，目的是產生使當時介入事件的立即記憶喪失的效果。對我來說，在課堂中接電話的目的，對當時在辦公室的人揭示了一個要點，或許是讓病人或學生展現他

們自己失憶的能力。（作者按：艾瑞克森只有在他最後十年待的黑沃街辦公室才用這個技巧。1949 年到 1969 年期間，他在賽普路斯街用來當辦公室的房間裡沒有電話。）

▍例六

艾瑞克森也將贈書題辭個人化，藉此進行心理治療。每段題辭都針對受贈者的情況而寫，而大多數都有治療的涵義。他為我寫過一些令人難忘的題辭：一、「在每段人生裡，都會面臨惶惑不安……也會有清明來臨的時刻。」艾瑞克森改編自他母親經常引用的隆菲勒的（Longfellow）著名句子。我和艾瑞克森剛認識的時候，正好面臨了許多人生困惑，他的安慰讓我知道總有隨之而來撥雲見日的時刻；二、「難以預料的事總存在於生活的每個角落。」對一個慣於過度依賴理性計畫的人，這是一個很好的忠告；三、「睜開眼睛，你會看見世界的精采。」對於一個主要受聽覺主宰的人，這是一個不錯的建議；四、「又是一本讓你毛髮捲曲的好書。」艾瑞克森知道我喜歡捲髮，將他的治療和病人／學生所看重的事彼此「掛鉤」是他的特色；五、艾瑞克森替瓦拉維可、維克連和費士奇（Fisch）合寫的《改變》（Change）一書題辭，他寫道：「給傑弗瑞·薩德，十年之後回顧，留意你的改變。1974 年 5 月。」這對於一個急於成功的人是一記當頭棒喝，我體會到他想提醒我去欣賞發展的過程。

很明顯地，艾瑞克森沒有將心理治療侷限於辦公室內的口語溝通。他持續的工作，努力讓他的影響最大化。艾瑞克森非常了解他溝通的效果。他積極找尋新的契機，善用環境去創造有影響力的溝

通。除了善用情境之外，他也採用其他間接的溝通方式。

善用間接溝通

艾瑞克森取向的共通點是他間接溝通的使用。雖然他也能相當直接，但一般而言，他都是採用間接溝通。矛盾的是，間接通常是促進改變最直接的方法。

艾瑞克森的間接溝通方式之一，是編一個能產生多層次效果的故事。在教學中，他的軼事不僅是有趣的成功心理治療例子，也通常跟其他的心理層次有關。

例如當我、保羅和另一名學生在鳳凰城就教於艾瑞克森時，我們三人潛意識裡都想贏得艾瑞克森更多的注意，當然他注意到這個情況。他突然話鋒一轉，告訴我們一個故事，內容關於一位東方的競爭夥伴來看他，希望艾瑞克森幫他催眠。（對個案完整的描述見 Rosen, 1982a, p. 81）艾瑞克森用了手臂懸空的技巧，說：「好，現在看看誰手舉得最快。」

我們其中一位問艾瑞克森，這個故事是不是暗指我們三個人的競爭。艾瑞克森承認他感受到我們之間的競爭，他說：「我真的不希望有任何導向我的競爭。」他由此暗示競爭可以被重新導向。

同時，他間接地評論和同理。他並不以人本學派的方式同理，他不會說：「似乎你們有競爭的需求。」相反地，他的故事點出了潛在的競爭，和競爭重新導向的看法。

當他說這個故事時，我們還沒有意識到彼此的競爭，但我們理解他的觀察。當我們直接和他談論關於我們競爭的想法時，他很願

意開放地來談這件事。他的風格並不意味著議題一定要擺在潛意識層次。

禮貌是他不直接提競爭概念的一個原因。他以所接收到相同層次的經驗來回應。如果我們開誠布公地談論競爭議題，我想他也會直接來回應。但他相信潛意識的誠實，以及不應該去直擊潛意識想法。他似乎遵照著既定原則來行事，如果事情是以潛意識的方式呈現，便用相同的方式回應；如果事情是以意識的方式呈現，便直接談論來加以回應。

寫作中的間接溝通

艾瑞克森的間接溝通也呈現在他的寫作當中。我剛和他認識的情況就是這樣的一個例子。

如同許多其他的人一樣，我是透過海利的書而認識到艾瑞克森學派的概念。我在讀過《催眠與治療的進階技術》（*Advanced Techniques of Hypnosis and Therapy*, Haley, 1967）這本書後，對於艾瑞克森的觀點留下了深刻的印象。緊接著，我突然心血來潮寫了封信給我的表親艾倫，她在亞歷桑那州土桑市（Tucson）學護理，我在信中寫道：「如果妳有機會到鳳凰城的話，去拜訪米爾頓‧艾瑞克森。這個人是個天才。」

艾倫回信說：「記得我的室友蘿西安娜‧艾瑞克森嗎？」她們以前一起住在舊金山，幾年前我去拜訪過她們。當時艾倫曾悄悄告訴我蘿西安娜的父親是一位有名的精神科醫師。然而，當時我沒有問她的姓，對我也沒有多大的意義。

因此我寫信給艾瑞克森和蘿西安娜，問他我是不是能去鳳凰城就教於他，看他如何和病人工作。

這裡是他 1973 年 11 月 9 日回信的摘錄：

親愛的薩德先生：

對於你的來信，我感到相當的榮幸。儘管我很期待見到你，但我一天當中只看一到兩名病人，並不值得你跑一趟，我也不能用他們來教學。而且，我的健康狀況相當不好，因此我也不能夠答應你連續兩天、每天一小時的教學。

我建議你在研讀我的案例時，留意其中的人際關係、個人內在關係，以及一個行為改變所帶來的滾雪球效應……

有一點我想要向你強調，你所注意到的專業術語、措詞、引導或暗示，一點也不重要。真正重要的特質是改變的動機，以及理解沒有人曾經知道他真實的潛力。

誠摯地，

米爾頓‧艾瑞克森

艾瑞克森的評論打擊了我，同時也驚訝於這一位重要人士竟然會花時間這麼仔細針對個人地回我的信。我不是一個特別果決的人，但這封信激起了我堅定的意志。我回覆說我了解他的身體不適，但如果他能撥冗見我，我會很感激。之後艾瑞克森和我約了一個見面的時間。

數年之後，我回想這段和艾瑞克森初次聯繫的經驗。他對於我要到鳳凰城拜訪他的想法，給了我一個模稜兩可的回應；我第二

次的回應是必經的過程。艾瑞克森只有在我表現出「真正重要的特質」，也就是動機之後，才願意收我當學生。

善用軼事來加強印象

艾瑞克森善於說小故事來讓簡單的概念栩栩如生。當概念以故事的形式呈現時，不僅更容易記住（Zeig, 1980a, p. 26），也活化了治療情境。藉由艾瑞克森用他的故事幫我改變生命歷程當中，我學到了這個方法。

在 1978 年，我搬到鳳凰城，我偶爾會向艾瑞克森諮詢有關我個人專業上和生活上的難題，有一次我告訴他我被一個習慣所困擾：我在緊張的時候，會在不當的時機害羞地傻笑。他用關於他的手的一個故事回應我。他說他小時候弄傷了右手食指，連指甲也砸爛了。因此，每當他要拿起價值不菲的東西時，他會避免用到食指。但如果東西並不是那麼有價值，他會用到他的食指拿起它。有一位女學生知道他這個習慣。有一次，這名女學生給他看她的訂婚「鑽」戒，艾瑞克森仔細地看著這只戒指，眼角餘光瞥見這名女學生臉紅了起來。然後他往下看自己的手，發現自己用了食指拿著戒指。（換句話說，這只戒指鑲的不是真鑽，而她自己知道。）

這就是艾瑞克森對我的忠告之精華。我滿腹狐疑地離開他的辦公室。當我仔細回想這個故事，我理解到他所提到的鑽石戒指是一種隱喻的說法，意味著我的問題並不是真的，它不是一件有確切證據的事！可能是因為艾瑞克森提到他行為模式的病因，我開始去想我「問題」的病因。無論如何，這個治療成功了，我不再因為困窘

而害羞傻笑。

　　艾瑞克森的軼事一再幫助我。在我早期訓練的一個場合，我告訴艾瑞克森我害怕進入催眠狀態，他問我為什麼，我解釋：「我不知道。可能我害怕失控。」

　　艾瑞克森說他舉幾個例子讓我參考。他告訴我一個男孩跟他的父親去打獵的故事，這個男孩很喜歡獵鹿，當他十六歲時，他的父親宣布兒子已經長大了，可以自己一個人去打獵。他拿著父親給他的獵槍，射中了一頭鹿。他不自覺的反應是全身震顫，臉色慘白。

　　艾瑞克森接著說了一個選美比賽的故事，他說贏得美國花車小姐后冠的勝利者，不敢置信地哭泣與顫抖。然後他說到生產，他提到女人害怕生產，即使她們知道：環顧歷史，女人都輕易地完成了生產過程。艾瑞克森緊接著向我解釋，我在先前的課堂中已經進出過一次催眠狀態。

　　然後我告訴他我需要「一次定位（anchor）的經驗」，讓我能夠理解如何使用催眠。他告訴我其他兩個故事。

　　第一個是關於一名棒球選手，當他自我「定位」的時候，他揮棒落空。第二個是關於一名重複讀了醫學院第一年七次的醫學生，當被問到什麼是三角肌時，他會由教科書的第一頁開始逐字背誦；他每次都回到第一頁，因為他需要自我「定位」。

　　然後艾瑞克森看著我說：「你要能夠在不同時間點上運用催眠。你只要讓它自然發生，就能進出催眠狀態。」這些故事的目的是提升我運用催眠的能力；我不再害怕催眠所引發的失控反應。

　　這樣的小故事不難理解。基本上，艾瑞克森重新定義了我對於「失控」的害怕，讓我接受在學習的初始歷程中有一部分必然包含

了預料之外的情緒波動。重新定義的技巧，在本質上提供了一個更正面的解析角度來看「失控」（例如，類似的情緒也會發生在勝利的喜悅之後），對於自我「定位」的需求也提供了一個負面觀點的闡釋。但當我們過度解構這些故事，通常整體形貌的表徵意義也就喪失殆盡。整體大於部分的總和。

具療效的戲劇性故事

艾瑞克森的小故事在另一個場合幫過我。當我在 1978 年 7 月搬到鳳凰城時，有一次我的父親心臟病發作。因為我剛到鳳凰城，還沒有固定的住所，我的母親連絡不到我，所以她發了一封電報到艾瑞克森家。

當我去他家拿電報時，艾瑞克森告訴我他父親的一個故事，我會就我所記得的來描述這個故事的大意，在羅森（Rosen, 1982a, p. 167）的書中有詳細的描寫。

艾瑞克森說當他父親大約八十歲的時候第一次心臟病發作，他父親在威斯康辛的一間小鎮醫院裡醒來，看著醫生，他的醫生對他說：「艾瑞克森先生，你有一次嚴重的心臟病發作。你會在醫院住上幾個月。」艾瑞克森先生回答：「我不能住幾個月，我一個星期之後就要出院。」一個星期之後他出院了。

過了幾年，艾瑞克森先生又有一次心臟病發作，他在醫院裡醒來，看著同一位醫生，呻吟著說：「別又要待一個星期。」

幾年之後，艾瑞克森先生的心臟病又發作，當他恢復意識，他對醫生（同一個）說：「醫生，你知道的，我現在更老了一點。我

想我得在醫院裡住上兩個星期。」

當艾瑞克森先生九十多歲時，他的心臟病再次發作。當他的身體剛復原時，他告訴醫生：「醫生，你知道我本來認為第四次的發作就會把我帶離人世。但是現在，我開始不相信第五次發作能把我帶走。」

在艾瑞克森先生九十七歲半高齡時，他正準備和他的女兒們出門。坐進車子之後，他發現他忘了戴帽子，回到屋裡去拿。過了一會兒，姊妹們對彼此說：「這一定是第五次發作了。」事實上，艾瑞克森先生已經因為腦溢血在屋內過世了。艾瑞克森評論道：「他不相信第五次發作能把他帶走是對的。」然後他看著我說：「真正重要的是你父親的求生意志。」

我很感激艾瑞克森的幫忙，他戲劇化的故事令人印象深刻，也深具療效。我當時面臨著家庭責任的衝突，他的故事讓我由長遠的觀點來看事情，有助於我對未來動向的決定。還有，當時的情境也需要在這裡說明一下：他的介入是自發的；我並沒有尋求他的幫助。這是艾瑞克森的風格，如果你出現在他的生活，他便有權對你做催眠和心理治療。對某些人來說，這種做法似乎不合倫理、操縱性太強，但對艾瑞克森來說，這是一種社交禮儀。他盡可能以對當時情境最具意義的方式來反應，溝通的接受者可以依自己願意開放的程度來自由回應。

在他父親的故事裡，艾瑞克森指出了他所認為人們處理死亡和疾病議題應該有的適當態度。正如他自己死亡方式的佐證，他並不偽善，他為自己信奉的原則樹立了典範。

他面對死亡所樹立的典範

1980 年 3 月 23 日，一個星期天的早上，艾瑞克森因為一次嚴重的感染而病倒——或許是由於憩室破裂所引起。他一直處於半昏迷狀態，到星期二晚上十一點過世，他死時太太和女兒蘿西安娜都在身邊。艾瑞克森的彌留期替所有家庭成員爭取到一點時間飛到鳳凰城團聚。

在醫院期間，艾瑞克森只對家庭成員稍微有點反應，當他們對他說話的時候，他通常會抖動他的眼皮。

他的死亡姿態與他的生活風格一致。艾瑞克森對他父親是在正要外出辦事時死去這件事感到欣慰，他自己的死亡也相當類似。艾瑞克森剛結束一場為期一週的研討會，而下週一另一場研討會的學生已經抵達。當他在醫院時，他表現了強烈的求生意志，我感覺他永遠不會放棄；他似乎不放過每一口氣，然後努力地再吸一口。

在他過世當天深夜，我們回到家裡吃晚餐，哀痛的氣氛沒有延續在餐桌上。艾瑞克森向來灌輸這樣的概念：生命是為了活著，深沉的哀傷是沒有必要的。

艾瑞克森常用幽默玩笑的口吻來談論死亡。有一次當我關心他日益惡化的健康狀況時，他誤引田寧生（Tennyson）的話說：「當我的船航向大海，讓酒吧裡沒有嚎哭聲。」他也常開玩笑說死亡是他想做的最後一件事。（cf. Rosen 1982a, p. 170; Rosen, 1982b, p. 475）他的態度是：「當我們一出生就開始邁向死亡，只是我們其中有些人的腳步較快。何不認真過活、享受生命，因為你可能一早醒來，發現自己已經死了。你永遠無法預料它將何時發生，但某些

人會擔憂身後事。直到死亡來臨之前,認真過活,享受生命。」

在另一個場合他提到:「你想知道長壽的祕訣嗎?每天早起。上床前喝大量的水,保證你每天都會早起。」(Zeig, 1980a, p. 269)艾瑞克森告訴過另外一群學生,在他臨終前躺在床上時,他想要聽笑話。遺憾的是,我直到他去世後才知道他的心願。

難忘的雋語和譬喻

軼事是讓事情容易記住的方法之一。藉著妙語如珠、雋永的措詞和簡單比喻的連結,特別容易「加深」記憶。這裡有幾個例子:

當我們在籌備第一屆艾瑞克森學派催眠暨心理治療國際會議(First International Congress on Ericksonian Approaches to Hypnosis and Psychotherapy)時,艾瑞克森預測我可能將成為全國催眠界知名的人士,並在專業的催眠學會擔任要職。他問:「你想知道如何在一個機構裡獲得成功嗎?」「當然!」我回答。「吸引群眾和你在一起。」

我參加一個外地的專業會議,在會議裡我沒有獲得應有的尊重,而艾瑞克森更是被批評的體無完膚。我對於催眠界所透露的敵意感到驚訝,更替艾瑞克森感到難過。我忐忑不安地打了通電話,告訴他發生的事情。他不以為忤,咯咯地笑著說:「歡迎來到成人的世界!」

他經常說:「問題是生活的粗食品,任何常吃軍用口糧的士兵都知道粗食品在飲食中的重要性。」(cf. Zeig, 1980a, p. 185)同樣地,他提議:「創造所有你能掌控的幸福,問題自己會找

上門來。」、「用平常心去適當地處理好的和壞的事情，是活著真正的樂趣。」對另一名學生他曾說：「心理治療是由家裡開始。」他對一位同事的年輕女兒說：「長得這麼可愛會不會受傷啊？」他對一位學生說：「幸福就是天賦加上你所擁有一切的價值。」（Thompson, 1982, p. 418）他對同事瑪莉安‧摩爾（Marion Moore）說：「催眠是一個溫暖的人在另一個人身上激發出一段維繫生存意志的關係。」

間接地使用譬喻

有一次艾瑞克森用相當好的比喻給了我一些建議。不幸地是，我還不能完全履行他給我的建議，但我對一些病人有效地運用了這個的比喻。

我告訴艾瑞克森說我長期工作過度，請他給我一些建議，他告訴我他自己的生活。他後悔沒有在密西根愛洛思醫院工作的那些年常和家人去渡假。

然後他舉了一個例子：「當一個人坐下來用餐時，他可能會想喝一杯餐前酒，然後再來一客開胃菜。接著，他可能會點一杯清涼飲料，然後他可能會來一份沙拉，接著開始享用主菜，裡面有肉、某種碳水化合物和青菜。之後，他會再來一份甜點，然後才是咖啡或茶。」然後艾瑞克森看著我說：「人不能單靠蛋白質過活。」

艾瑞克森有一部分的智慧是不直擊要害地表達概念；不直擊要害是間接溝通的精髓。

我需要聽到的建議是：「不要工作過度。」除了「不要這麼努

力的工作」之外，其實他也很難再對我多說什麼。但艾瑞克森藉著一個比喻來包裝他的建議，讓這個觀念印象深刻且充滿活力。

善用字彙的多重意義

他不只用軼事、譬喻和雋語來讓事情印象深刻，他所用的單字也是字字珠璣。如之前所提，艾瑞克森早年熟背字典。他對每個單字多重意義的理解，奠定了他間接溝通技巧的基石。

在一次的教學課程裡，他用一則軼事來挑戰我，希望藉此增加我的彈性。他通常會看著我說：「你很僵化。」我思考著他的話答道：「沒錯，和艾瑞克森比起來，我是僵化。」我之後回想這次的對話，「僵化」可能是指我身體的姿勢或是我的心態。當人們進入催眠狀態，他們的行為舉止表現的都很固定和僵化。艾瑞克森知道我懷疑自己進入催眠狀態的能力，我相信他對於我僵化的面質，基本上是一語雙關。

艾瑞克森的一篇文章記載了他如何使用每一個字當成治療工具的佳例——〈建構一則多層次故事以引導一名催眠受試者產生實驗性神經症的方法〉（The Method Employed to Formulate a Complex Story for the Induction of the Experimental Neurosis in a Hypnotic Subject）（Erickson, 1944），在文章裡，他提到挑選每個字來進行催眠引導的原則。

間接地建立連結

軼事、雋語和譬喻不僅替治療情境注入能量，讓概念印象深刻，也能用在建立正向連結上。問題通常由前意識的連結所導致。如果問題產生在特定的連結層次，由該層次著手通常能產生最佳的改變。軼事能用來幫助病人重新連結其內在的能量。僅是談論問題的本身並不一定具有療效。

我記得艾瑞克森是如何讓我戒掉抽菸斗的習慣。我是一個抽菸斗的癮君子，艾瑞克森並不贊成抽菸。在某種程度上，我必須要自我認可，當時抽菸斗吻合我「年輕心理學家」的形象。

艾瑞克森看見我在後院抽菸斗，（我不在他辦公室內抽菸。）當我進到屋內繼續上課時，他告訴我一個關於他朋友抽菸斗的故事，內容很長又詼諧曲折。我記得故事裡的朋友抽起菸斗相當笨拙，連把菸草塞到菸斗的姿勢都很笨拙。

我記得我當時想：「我已經抽菸斗這麼多年了，我看起來並不笨拙。」艾瑞克森持續告訴我這個朋友如何笨拙：他塞菸草的時候，看起來很笨拙；他點菸的時候，看起來很笨拙；因為他不知道該把菸斗擺哪裡，讓他看起來很笨拙；因為他不知道該怎麼握菸斗，讓他看起來很笨拙。

我發誓這個故事持續了一個小時，我從來不知道有這麼多不同的方式會讓一個人看起來笨拙。我一直想著：「為什麼他告訴我這個故事？我看起來並不笨拙啊。」

那堂課結束後不久，我開車離開鳳凰城，回到我舊金山住的地方。當我一到加州，我立刻對自己說：「我從今以後不再抽菸

了。」我永遠擺脫菸斗，丟掉所有昂貴的菸斗和打火機。

我回應了艾瑞克森的指令，我當然不希望自己在他眼裡是笨拙的。除此之外，他的技術是讓舊有行為模式崩解；將笨拙的意向連結到抽菸斗這件事情上。最後，抽菸斗不再是一件吸引人的事情。

間接面質

間接的溝通技巧能用在引導以及面質上。這裡有兩個例子：

艾瑞克森的閱讀量很大，但當他視力變差後，他改看電視。艾瑞克森喜歡自然報導類的節目，經常在教學和治療上使用來自節目內容的隱喻。有一次當他最喜歡的節目開演時，我問他一個問題。他說他的行動侷限在屋內，看這些節目是他唯一能將觸角延伸到外面世界的方法。他抓住了我的注意，而繼續說道：「如果我錯過了我的大自然報導，我會惱怒。」我說：「我馬上走。」

即使艾瑞克森的面質使用間接的溝通方式，他同時設定界限、教導我及試著用一種獨特方式來傳達他的訊息。

在艾瑞克森死前不久，他問我一個小時的治療費收多少費用；當時他每小時收四十美金。我回答：「五十塊。」他說；「三十五嗎？」彷彿沒有聽到我的話。我更正說：「不，是五十塊。」他再一次問：「三十五嗎？」我說：「我知道了。」

這並不是因為他不能一針見血地面質。例如，我知道艾瑞克森不只一次告訴感情失和的夫妻離婚。他精心運用最能引發所想反應的技術。

總結

艾瑞克森的治療就像是一名資深老醫生所提供的治療。他提供簡單的、常識性的治療處方，以「不直擊要害」的方式來呈現，讓訊息鮮活易懂。因此，病人能夠對指令反應。艾瑞克森並不是說了什麼關於人格理論的深奧之語。但當大多數的治療師在鑽研他們的動力結構時，艾瑞克森念茲在茲的是那顯而易見的部分，思忖著能為治療所用最有效的方法。

直接的督導

艾瑞克森是一位不尋常的督導，他的指導就像他的治療，根植在不直擊要害的常識性做法。他身為督導的技術，就像他身為治療師和老師的技術，一樣是絕無僅有。這裡有幾個例子：

▍例一

在艾瑞克森由私人執業退休後，他轉介一些病人我，其中一個有特別的污染恐懼症。無論何時，當他看到白色粉末在某個東西上，他便對那個東西產生永久性的恐懼，避免去接觸它，甚至嚴重到令朋友和家人害怕的程度。例如，他有一次看到白色粉末在電視機上，因為他不願去接觸它，他的太太和女兒必須幫他開關電視和轉換頻道。

和這位病人第一次診療時，我收集了主訴和病史的詳情。然後我打電話給艾瑞克森，請他督導我。他答應見我，所以我到他家

告訴他這個病人的詳細狀況。我問他會如何處理這個問題，他的建議很簡單，他淡淡地說：「送他去加拿大。」然後他補充：「事實上，應該送他去加拿大北部。」

艾瑞克森告訴我這類型的病人有可能會有暴力傾向：他會有別人故意想把白色粉末放在東西上來污染他的想法。

艾瑞克森沒有再多說什麼。我沒有採納他關於加拿大的建議，因為我不知道他是什麼意思，但我小心翼翼地計畫著我只要再治療這個病人一次。本質上，我提供他破除舊模式的行為改變技術，告訴他如何去運用這個技術。因為這個病人的心理動力很特別，我要他靠他自己、而不是靠我的治療來改變。我告訴他無論我所建議的方法成功與否，都不要跟我連絡。我覺得一切都要靠他自己。

在結束這個治療一段時間後，我思索著艾瑞克森的建議，我終於領會到他的用意。當我剛聽到他給的建議時，我被他簡短漠然的回答震懾住了，而不能立即理解他的用意。而且，當你住在沙漠區的鳳凰城，很難去想像緯度更偏北地區的天氣。艾瑞克森的建議是用暴露法來達到減低敏感的功效！我相信艾瑞克森所指的，並非是照字面上的意思把那個男人送去加拿大。他反而是想引導我，去發掘讓這個問題不存在的情境。同時，他建議我應該依靠自己的資源，而不是他的看法。

例二

另一個艾瑞克森轉介給我的個案，是一個四代同堂家庭中的一位成員：他治療過祖父、父親、兩個兒子和其中一個兒子的家庭。他轉介其中一個兒子的太太，她患有憂鬱症。艾瑞克森告訴我失敗

的互動模式反映了這個男人在家庭中所扮演的角色。也解釋了這個男人古板、疏離且不懂得如何表達情緒，太太的憂鬱症有部分原因是由於丈夫的情緒疏離。

在治療期間，我諮詢過艾瑞克森幾次。有一次，這位太太打算結束她的事業。我不認為這是個好做法，所以我問艾瑞克森的意見。他要我告訴她：「繼續把事業經營下去，因為這替孩子們樹立了好榜樣。」他的建議切中鵠的，精確地抓到她的價值觀，雖然之前他只見過她一次。在她生命裡最主要的一件事就是成為孩子們的好榜樣。

接下來的幾次治療，我幫助了這位太太，但我覺得不夠。我再次跟艾瑞克森談這個情況，他以一則故事回應我，這是沙瑞印第安族一則關於創作鐵木雕刻品的軼事。艾瑞克森說沙瑞族很貧苦，只能用很原始的工具來從事創作。在捕了一天的魚之後，他們可能只抓到一兩條魚供所有族人食用。夜晚，他們會走進沙漠，以星空為棉衾入睡。

艾瑞克森接著說，有一位人類學家去拜訪沙瑞族，他後來成了他們的友人。這位人類學家對沙瑞族人能夠把索羅郎沙漠（Sonoran Desert）唾手可得的鐵木變成木雕藝術品深感興趣。後來，沙瑞族人以他們所認識的野生動作為雕刻的題材，他們沒有任何實體可供摹擬，全憑記憶來完成雕刻作品。他們用原始的工具——海沙當成砂紙，鞋油當成染料。

他們的木雕大受歡迎，沙瑞族人也因此致富，現在他們有能力買魚網和小貨車。艾瑞克森解釋說，他們可以撒網捕魚，很快就能為所有族人捕到很多的漁獲量。艾瑞克森接著說：「然後他們開著

他們的小貨車進到沙漠，以星空為棉衾入睡。」

　　這是艾瑞克森給這個案例的建議。同樣地，我必須去反芻來領會他的要點，但訊息似乎很清楚：即使有些人改變了他們的環境，他們不會真正改變根深蒂固的態度和行為。

　　如果艾瑞克森直接告訴我：「你知道，即使有些人的環境已經改變，他們也不會改變根深蒂固的行為。」我可能不會記住。他將他所要闡述的觀點鋪陳為一則戲劇化、不直擊要害的小品文，讓我難以忘懷。

　　我對這個案例做了一些「家族治療」，用我從艾瑞克森那裡學來的一個技巧。他曾教過我一個技巧，他過去用這個方法來鼓勵情緒疏離的家庭進行溝通。他會要求家庭成員輪流讀報紙上的安‧蘭德絲（Ann Landers）專欄。他們每天晚上在餐桌前這樣持續進行了一年，讀者投書讀完後，他要家庭成員先進行討論，才能唸作者答覆的部分。（當然我給了他們一些規範。雖然安‧蘭德絲大部分的建議都很妥切，但不一定是完全正確或唯一的答案，也不一定適用於接受治療家庭當前的處境。）艾瑞克森說如果你讀安‧蘭德絲的專欄一年，你會碰到人類問題的所有範疇。

　　我在一些治療場合用過這個技巧，這是一個引導家庭成員增加接觸和討論道德議題的好方法。

▍例三

　　我有一個棘手的思覺失調症病人，我請艾瑞克森督導我的治療。艾瑞克森問我這個病人是否喜歡音樂，當他發現這個病人喜歡音樂時，他說：「如果這個病人會彈鋼琴，要他略過一個音符去彈

一首歌。」因為這個病人會彈吉他，我要他試著略過一條弦去彈一首歌。

這個建議顯而易見，因為這象徵著思覺失調症病人的行為；他們過著有一點走調的生活。但要刻意去彈一首走調的歌，必須先學會怎麼正確的彈奏。我經常將這個方法的許多變形用在我和思覺失調症病人的工作上。

例四

之前提過一名處於歇斯底里精神病急性發作期的病人（見第一章），她經常受到幻聽的折磨。艾瑞克森告訴我應該持續他的治療方式，要她寫下聽到的所有聲音。這是一種善意的酷刑治療法（cf. Haley, 1984），能夠有效瓦解舊有的反應模式。

例五

我諮詢過艾瑞克森關於一對夫妻的案例，他們處於逐漸加劇的相對關係當中，經常有齟齬，彼此指責對方是問題製造者。他告訴我一個曾成功用在幾個個案的方法。在一次聯合治療中，我對夫妻中的一位說：「你知道，在任何情況下，你的配偶有 60% 的機會是對的。」然後我對另外一位說：「在任何情況下，你的配偶有 60% 的機會是對的。」然後我會一起對他們兩個說：「你們知道這樣加起來就有 120% 的好結果。」

我照著他的建議告訴這對夫妻：「只要你的配偶跟你意見相左，你就指出對方 60% 對的部分。然後，你才能自由地告訴他／她剩下 40% 應該改進的部分。」我對他們解釋，這個技巧只是再

去強調他們已經在做的事，並沒有太多的新意。這對夫妻在批評對方的時候，通常會點綴性地提到另一半對的部分。唯一的差別是更加認可對方做對的部分，並且在批評之前優先提出。這個技巧也能有效瓦解舊有的反應模式。治療師將自己擺在這段婚姻的衝突當中。因此，即使夫妻沒有確實行這個作業，也會有一定的效果。如果夫妻一方在衝突的當下才想到這個建議，也能在他們完全失控前沖淡一些情緒。

▎例六

我向艾瑞克森詢問體重控制的技巧，這樣的問題在治療上成功率向來不高。艾瑞克森指出重新調整個案的心是相當重要的。當一個病人要求減重四十磅，他會改變他們的目標，說服他們先從減重一磅做起。他寓意深遠地問：「你要怎麼登上女人峰呢？」「一次一小步。」

▎例七

雖然我已經在之前出版的書（Zeig, 1980a）提過這個例子，在這裡我還是想對這個我最喜歡的督導案例補充一些細節。

有一名律師為了一件案子找上艾瑞克森，律師認為案子裡催眠被不當使用。這是一宗謀殺案，警察對目擊證人使用催眠。辯護律師問艾瑞克森是否願意當專家證人，但艾瑞克森答覆說他太老了，建議律師來找我。

我告訴這位辯護律師我之前從來沒有在法院作證的經驗，但我很樂意為催眠是否使用恰當提供一點意見。這名律師說在用我當專

家證人之前，他必須先提供法官們一些我足以擔此職務的憑據。他告訴法官我是世界級催眠權威米爾頓‧艾瑞克森的弟子，法官們認可了我的資歷。

緊接著，檢察官找上艾瑞克森，因為艾瑞克森之前曾在鳳凰城警局教授警官們偵查催眠的課程。事實上，他很可能教過在這個案子裡執行催眠的警官。他告訴檢察官，因為他的身體羸弱無法出庭作證，因此檢察官問他是否願意以出具供詞筆錄的方式作證，艾瑞克森同意了。

當檢察官提到艾瑞克森的資歷時，他說：「因為辯方認可米爾頓‧艾瑞克森是催眠界的權威，我們想讓他為這個案子提供意見。」當然，法官同意了這項請求。

所以結果是艾瑞克森代表控方，我代表辯方。我的忐忑不安可想而知。

我問艾瑞克森為什麼改變心意決定作證，他說：「你會學到一些事情，不是嗎？」我說：「沒錯。」

即使旅行對艾瑞克森而言相當不便，他還是坐上了警車到警局看催眠錄影帶。除了給我一次機會教育之外，艾瑞克森想必認為這件案子很重要。

當我們聊天時，我告訴艾瑞克森我對於出庭作證很緊張，希望他給我一些意見。他用這句話作為下面一個故事的開場白——「了解對手的律師」。

艾瑞克森接著說，他有一次代表丈夫，為一件爭取孩子監護權的案子作證。他相信這個太太有嚴重的精神疾病，很可能會對虐待孩子，丈夫顯然較適合取得監護權。艾瑞克森繼續說，他猜想對

方律師是一個相當難纏的角色。他認為事情不會進行的那麼順利，因為這個丈夫的律師沒有給他任何對方的資料。當他出庭作證那天來臨時，對方律師完全是有備而來；她準備了十四頁的問題要問艾瑞克森。她以挑釁的問題作為開場白：「艾瑞克森醫生，你說你是一位精神科的專家。誰有權威能佐證你的說法？」艾瑞克森答道：「我就是自己最好的權威。」他知道如果他提到其他任何人的名字，這名準備周全的律師一定會引用相反權威的意見來貶抑他的專業可信度。

這名律師接著問：「艾瑞克森醫生，你說你是一個精神科的專家。什麼是精神科？」艾瑞克森說他當時這樣回答：「我可以給你舉個例子。任何一個美國歷史的專家都知道賽門·歌弟（Simon Girty）又叫作『下流歌弟』（Dirty Girty）。任何一個不是美國歷史的專家，都不會知道賽門·歌弟又叫作『下流歌弟』。任何一個美國歷史的專家都應該知道賽門·歌弟又叫作『下流歌弟』。」

艾瑞克森接著說，當他抬頭看法官的時候，他坐在席上，正把頭埋在手裡，法院的書記官正在桌下找他的鉛筆，丈夫的律師正努力壓制哄堂不可遏抑的笑聲。

在艾瑞克森舉了這個（似乎不相關）例子後，這名律師把她的稿子丟在一邊說：「艾瑞克森醫生，我沒有更進一步的問題。」然後艾瑞克森看著我說：「那個律師的名字……就叫歌蒂（Gertie）。」

艾瑞克森的軼事有趣且迷人，在談笑之間，他表述了他的要點。如果艾瑞克森只是直接告訴我：「不要被法院的排場給嚇到了。」我想效果將會很有限。但是由於他不直擊要害的溝通方法，

現在要我走進法院而不想到「下流歌弟」，已經是不可能的事。

稍後，艾瑞克森提到他另一個在法院成功用過的技巧，他說對方律師通常會將情緒的張力鋪陳到最高點，然後丟出一個慷慨激昂的問題，而問題本身的荒謬性會被當時的情緒所忽略。

在這個時刻，艾瑞克森會故意表現的有點駑鈍。他會對法官說：「對不起，我沒聽清楚那個問題，可以麻煩書記官複述一次給我聽嗎？」艾瑞克森說，當書記官用他平淡的語調複述時，所有的情緒張力蕩然無存，讓陪審團和法院其他的在座人士了解到這個問題是多麼的荒謬。

當這個案子隨著被告承認有罪而終審之後，我們彼此討論我們的發現。我們同意催眠並沒有被誤用。事實上，艾瑞克森說因為警官用了一套標準技巧，這次催眠事實上對受試者沒有什麼效果，幾乎沒有激發什麼反應。

▍例八

一位公眾人物因為某種個人天性的問題來找我，為了保密的緣故，他沒有告訴我他的真名。當我請艾瑞克森督導這個案子，他堅持我要問他的真名，他說：「潛意識一旦瞞了你一件事情，它就會瞞你其他的事。」

▍例九

早期有一次我到鳳凰城拜訪艾瑞克森，他要我去看他的一名病人，我很高興他對我有這麼大的信心。在看過這個年輕人之後，我詳細地組織我的印象，準備要和艾瑞克森討論這個病人。當他問

我這個病人的情況時，我立刻在這個男人的心理動力層面上大放厥詞。他突然打斷我，問我這個病人真正的需求是什麼，我頓時啞口無言。他說這位病人所有想要的只是一個可以讓他暢所欲言的大哥哥。

艾瑞克森相信理論架構是波卡斯特床（Procrustean bed）[1]，會限制治療師。每一個人都應該被視為獨一無二的個體。唯有在策略性運用的範疇，動力理論才具有價值。

例十

有一次，一位多年前棘手的邊緣型人格病人不斷打電話騷擾我，我問艾瑞克森的意見，他建議我應該告訴這位病人：「下次你打電話來，請挑我不在的時候再打！」艾瑞克森的意思是要我態度堅決地正視這個病人，但不是粗魯無禮。我沒有遵照他的建議，因為我想不到一種不帶譏諷意味的說法。然而，當我另一位病人有相同情況時，我用了類似的技巧。

例十一

我告訴艾瑞克森，有一位患有皮膚炎的病人夜裡睡覺時會抓患部，嚴重到影響他和太太的作息。艾瑞克森建議這個男人在睡前用膠帶把手指一根一根包起來。我說這個問題是多年舊疾，他回答：「告訴他膠帶多準備一點。」

---

[1]　譯註：指希臘神話中波卡斯特（Procrustes）的床，旅人們有一張床可以過夜，那些身體長過床的人，超出床邊的部分會被砍掉；那些身體比床短的人，會被拉長到與床等齊。

這種善意的折磨成效卓著。這又是一次透過資深老醫生的常識性建議，讓治療大有成效的例子。

例十二

我問過艾瑞克森一個案例，其中父親可能會戕害他年輕的孩子。太太並不打算離開丈夫，但她似乎也無法有效防止可能的傷害。艾瑞克森告訴我他之前運用相當成功的方法，他會告訴父親在孩子成為青少年之前，不要期待自己能了解孩子，也不要期待彼此能真正的溝通；在那之前，孩子的教養實際上是他太太的工作。他告訴我這會讓這個父親對孩子保持一定的距離，而當孩子變成青少年時，孩子已經有了足夠的人格成長，可以維持足夠的距離。

隱微的線索

艾瑞克森對隱微線索的運用令人嘖嘖稱奇。他能觀察出極細微的改變，在治療和診斷上加以運用。羅森（Rosen, 1982b, p. 467）指出，艾瑞克森學著辨認他的祕書們的不同打字模式，藉此知道她們目前是處於經前、月經中或是月經後的狀態（可參見 Zeig, 1980a, p. 162）。海利（1982, p. 13）討論過艾瑞克森如何藉著一個女人前額顏色的改變來辨識出她剛懷孕。（編按：臉部顏色因懷孕而改變，在醫學上稱為黃褐斑〔Chloasma〕，通常出現在前額、鼻子和臉頰部位。尤其在懷孕早期的時候，顏色的改變相當明顯。然而，除了最敏銳的觀察者，這樣的變化經常為人所忽略。）

艾瑞克森有時候會讓病人知道他的觀察。有一次他治療一對夫

妻，他看出當丈夫撒謊的時候，會表現出特定的行為。他告訴這位太太他的觀察，然後在一次的聯合治療中，讓她去問丈夫問題，由她自己來揭發謊言。

艾瑞克森對於隱微線索的運用也經常是詭譎多變的。當他說故事的時候，他通常會將聲音朝著地面，然後透過眼角餘光偷偷地觀察當事人的反應。這個技巧的目的，是讓當事人覺得他的聲音是自己的內在對話。而且，當他對團體說話時，他會改變聲音的抑揚頓挫，向在座特定人士強調某些訊息。

當辦公室外車聲喧嚷，他不會刻意提高說話的聲調。大部分的演說者會提高他們的聲調，因此無可避免地暗示聽眾去注意外面的喧嚷聲。藉著不去提高他的聲調，他讓聽眾維持對外界的嘈雜渾然不覺——類似於古典催眠現象中負面幻覺的反應（Zeig, 1985a, p. 328）。

覺察力的訓練

由於艾瑞克森相當重視治療工作中的觀察，他部分的訓練取向是指導我去提高個人的覺察力，他用了許多的方法，包括述說關於觀察有趣的故事，並激發我實際身體力行。例如，他要我去觀察遊樂場的一群孩子，預測他們會和誰一起玩及下一步會做什麼……等等。而且，他要我去觀察一群人的互動，判斷誰將會先離開，誰會是下一個說話的人……等等。

我詢問他如何增進自己覺察隱微線索的能力，他回答說，學習觀察就像學習英文字母一樣。「你剛開始只是學字母本身，慢慢

累積新的用法。」他問我「zyzzva」這個字是什麼意思，我問他答案，他說：「去查字典。」艾瑞克森的意思是：學習使用隱微線索是沒有捷徑的，關鍵在於需要透過不斷的練習和經驗去累積。

在同一堂課裡，他告訴我關於一個女人的故事，她的拳頭橫過胸前，放到對肩上。他說這個癖性可能意味著她乳房有腫塊，而她卻不願承認，或她是一個小胸部的女人，而她不喜歡這一點。他指出在這個例子中握拳是憤怒的姿態。（我回想當天自己肢體語言所洩漏的訊息。）

艾瑞克森告訴我，有一次他和一個朋友去見一位通靈人，這麼做是為了向他的朋友證明這個通靈人雖然能說出正確的答案，但這一切都跟超感知覺無關。這位通靈人的洞察力確實驚人。結束之後，艾瑞克森給他的朋友看一串他進去之前事先寫好捏造的答案。事實上，這個人並不是通靈人士，他只是擅於讀取隱微線索和深層語意。當艾瑞克森被問問題時，他心裡「想著」捏造的答案，這位通靈人能夠讀出他非語言線索的意涵（Rosen, 1982a, p. 192）。

艾瑞克森又講述了一位著名非語言行為專家的故事。在一次拜訪中，艾瑞克森看見這個人的壁爐上有一件雕刻品，他相當欣賞這件作品。在整個談話的過程中，艾瑞克森都避免讓視線停留在這件藝術品上，因為他不希望這位專家看出他有多麼渴望擁有它。當他們的談話接近尾聲時，艾瑞克森說專家謝過他的來訪後，接著說：「還有一件事，是的，你可以帶走那件雕刻品！」

在另一個場合，艾瑞克森告訴我早期的專家甚至能夠判斷出一個人的成長背景。在小學學的單字會帶有特定的鄉音，如果這個人之後搬到國內不同的地方居住，當用到高中所學的字彙時，會有不

同的腔調。當說到大學時代所學的概念時，會反應出這個人在國內哪個地方念大學。

當他訓練他的住院醫師時，他會要他們用手來測量病人的脈搏。艾瑞克森會坐在房間對角，或許是透過注意病人頸部脈動的觀察法來計算脈搏數。他說了幾個學生沒有注意到病人有義肢或義眼的例子，他很生氣地告誡學生們：在第一次和病人接觸的時候，要留意病人是否有兩隻眼睛、兩隻手臂、兩條腿、每一隻手是否都有五隻手指頭……等等。

他說他能在半條街以外，分辨來車司機是要右轉還是要左轉，因為連司機自己也沒有察覺到已經先洩漏出意圖，通常在轉彎之前，司機會先將身體擺向欲轉方向的另一側。這是觀念運動（ideomotor）訊號的好例子。當我們想起一種行為時，我們通常會隱微地、下意識地表現出來。艾瑞克森是一個讀取和運用觀念運動行為的專家。大部分的人由於無知、缺乏訓練、固執己見或認為裡面無有用的資訊，而忽略隱微的線索。

結語

艾瑞克森對我的個案督導都是言簡意賅，並且是問題導向。他著重在激發我身為一個治療師的潛能，而不是採用資訊填鴨的督導方式。他會再將問題丟回給我，藉以鼓勵我相信自己的判斷。

艾瑞克森的常識性督導方式和他的治療及教學模式有異曲同工之妙。他與其他的督導者不同之處，在於他對於我是否能做出他的治療風格並不感興趣。相反地，他所感興趣的是我能否發展出屬於

自己的治療風格和治療方法。

個案的報告

我有一些個案是艾瑞克森之前的病人，我會問他們之前治療的情況。他們報告揭櫫了艾瑞克森學派治療取向的獨到之處。其中有一部分的案例，艾瑞克森並沒有成功地治療他們，或僅有部分成功。然而，這些治療介入仍有可觀之處。

例一

我幫助一名病人戒菸。幾年之前，他找過艾瑞克森治療戒菸，但沒有成功，他說：「艾瑞克森告訴我，我並不打算戒菸，事實上，我確實是如此。」在同一次治療，他告訴艾瑞克森關於他對於社交情境的焦慮。艾瑞克森告訴他幾個故事，建議他走進很多人的房間時，應該自己默想：「我一點也不在乎、我一點也不在乎、我一點也不在乎。」這個病人說：「這個技巧我一直用到今天，它很有效。當我走進一間房間時，我似乎覺得自在多了。」

例二

一名沒有住院的精神病患者要求我用催眠來幫他抑制住想要改變世界的怪異念頭。數年之前他向艾瑞克森諮詢過類似的問題，艾瑞克森告訴他說：「我沒有辦法催眠你，因為你的眼睛動太快了。」這個病人接受了這個回答。

艾瑞克森的回答是對這個人的妄想、精力旺盛和過分警覺的未

正面回答及間接說法。艾瑞克森維持著一貫的間接治療風格,他沒有面質這位病人。因為艾瑞克森沒有繼續對他採取跟進治療,我揣測艾瑞克森認為自己很難幫助這個病人。

▍例三

一個女性友人問艾瑞克森關於體重控制的方法。這個治療包括了建議和軼事,結果似乎相當正面。

艾瑞克森試著去激發對於過量飲食的厭惡態度,他指出:「這其實是自殺的偽裝,妳為了一些沒有得到或沒有做到的事情,企圖要自我懲罰。」艾瑞克森給了她一個酷刑治療的建議,每增加一磅,要爬女人峰十次(我不認為艾瑞克森真的期待病人去完成這個作業,這可能是用來瓦解舊行為模式的方法。如果她想到這個作業,即使是前意識,也能避免過度飲食。)接著進一步指示她列出一張每日飲食內容的詳細清單。艾瑞克森問:「妳喜歡自我欺騙嗎?」她說吃東西就是為了「填她生命的洞」,他提醒她應該用適當的東西來填洞。

艾瑞克森說了一些故事來加強建議的效果。例如,艾瑞克森的一個孩子看見一塊生日蛋糕,他出去跑了一哩路,才回來吃這塊蛋糕,消耗的卡路里等同於吃進的卡路里。吃完蛋糕之後,她說:「一點也不值得。」艾瑞克森也提到以前的一位病人改變飲食習慣,開始愛吃蔬菜的故事,試圖改變這個病人的態度。

▍例四

我的一個朋友和一位是心理學家的同事來參加一場艾瑞克森的

教學研討會。當課程結束時，艾瑞克森示意要他出來，邀請他來到大廳，我的朋友感到相當榮幸。

在接續的談話期間，艾瑞克森要太太幫他把家人送的領帶拿來，當然那是一條紫色的領帶。艾瑞克森和他談了半個小時的領帶：線頭要如何才會相稱，顏色如何讓領帶更出色，領帶的縐摺和老舊。太陽下山了，而我的朋友對於整個情況還是丈二金剛摸不著頭緒。

又經過了一段時間，遲來的「啊哈」出現了！艾瑞克森所談論的是家庭關係（family ties）！

這又是一次由現實情境中帶出某件事，充滿象徵和隱喻，也同時佐證了艾瑞克森過人的觀察力。這個朋友後來說這個話題確實和他當時的處境密切相關。

▎例五

有一個病人說第一次與艾瑞克森會面時，她聽著艾瑞克森講話，覺得很無聊、很想睡覺，她覺得很尷尬。然後她理解到艾瑞克森其實是刻意這樣做，因此她閉上了眼睛，進入了催眠狀態（Zeig, 1980a, p. 18）。另一個學生要求艾瑞克森為他催眠，但艾瑞克森告訴他，因為他處於過度警覺的狀態，可能需要花幾個小時說冗長、無聊的滑稽故事，才能讓他無聊到進入催眠狀態。幾乎任何一種行為，甚至是無聊，都能成功地運用在治療上，或用來進行催眠引導。雖然在表面上，無聊似乎是有效治療的反面，但艾瑞克森卻能盡其功用，使它成為強而有效的治療技術。

例六

　　一個男人因為吸菸來尋求協助，接受過艾瑞克森一次的治療。這個病人是同性戀，但他不願公開這個事實。艾瑞克森為了有效的治療，他運用了病人同樣的價值觀。他告訴這個男人說，當他抽菸的時候，他便揚棄了他的性傾向。艾瑞克森也給了他一些其他的治療介入方式，包括行為改變技術；艾瑞克森給他一些作業，讓他的雙手閒不下來。然而，這個治療沒有成功。這個男人理性上覺得艾瑞克森過分輕易地就要他放棄吸菸，所以他覺得沒有必要嘗試。

例七

　　當然，許多艾瑞克森的指導語，個案也是充耳不聞。我其中一位病人說，她丈夫之前因為體重控制的問題，就診於艾瑞克森多年，但從來沒有減重成功。艾瑞克森告訴這位丈夫，在解決他和母親關係的問題之前，他永遠無法減重成功，之後這位丈夫中止了治療關係。這個家庭私底下同意艾瑞克森的看法。令人感興趣的是，艾瑞克森在這個案例上採用了心理動力的觀點來解釋，他並沒有排斥採用這種觀點的可能。

例八

　　一位情感相當疏離，並缺乏情緒多樣性的低自尊男人來尋求我的催眠治療，他正好是一名同性戀者。他之前接受過艾瑞克森的治療，說他對艾瑞克森的治療印象深刻，但是對他感到畏懼，所以很難敞開心胸。即使這位病人和艾瑞克森在一起從未感到自在，但他的問題卻逐漸改善。

這位病人記得艾瑞克森替他解過一個夢。我覺得很有意思，因為我從來不知道艾瑞克森會為病人解夢，所以我要他多說一些細節，病人回答說：「夢境跟 marmot（土撥鼠）這種動物有關，而艾瑞克森說這個夢實際上和我的母親有關。我問他為什麼，他說，土撥鼠的前兩個字母是『ma』，剛好是媽的意思，所以前三個字母『mar』代表媽，而後三個字母『mot』也和 mother 的前三個字母一樣，所以這個夢和你的母親有關。」這個男人說當時他心裡想：「我的天啊，我從來不知道我的潛意識這麼有創意。」

艾瑞克森可能是認為讓這個男人去思考他自己的母親會有所幫助，所以他將事情引導到這個方向。在這個過程裡，他的自我重建有長足的進步。

預測

艾瑞克森激發他的學生們去發展預測行為的能力，並且運用在診斷和治療上。例如，他給我一本威廉·葛瑞漢（William Gresham）的小說《夢魘暗巷》（*Nightmare Alley*），要我讀第一頁，然後要我預測最後一頁的結局（私人通信，1974）。我做不到，但當我讀完整本書，我發覺結局的脈絡在第一頁當中早已清晰可見。他也告訴學生們往前或往後地讀一本書，預測接下來或前面的篇章所會呈現的內容（Zeig, 1980a, p. 128）。了解行為如何受潛意識的驅策，將使治療師更有效能。

為了產生強而有效的介入，艾瑞克森善用了他對於隱微線索的覺察力，和他已經知道的知識，即病人的社交歷史是一種如何具影

響性的決定因素。我見過許多艾瑞克森的病人都驚訝於他預測的正確性。

例一

一名女學生來找艾瑞克森，他要她依慣例寫下個人資料，他要求所有的新病人和新學生都這樣做——寫出當天日期、姓名、住址、電話、婚姻狀況、子女數（姓名和年齡）、職業、教育程度（包括學位和就讀學系）、年齡、出生日期、手足數（姓名和年齡）和當事人是在都市或鄉下長大。

艾瑞克森打斷這名女子的書寫，他說：「妳是歐洲人。」她承認這點，但對於他的觀察結果沒有多想。在歐洲學寫字的筆跡和在美國學寫字的筆跡，兩者有很大的不同。

然後艾瑞克森說：「妳大概是南歐人，來自義大利或希臘。」她覺得這不是什麼了不起的觀察，因為她的膚色洩漏了她的背景。

接著，艾瑞克森立刻直搗黃龍，他說：「而且妳小時候很胖。」這個病人大為震驚；當她來訪時她的身材相當纖瘦。她問艾瑞克森是怎麼知道的，他解釋說她在某方面表現了胖的人才會有的樣子。

艾瑞克森一針見血的介入有幾個效果，他獲得彼此關係的主導權，同時破除了她可能企圖建立的預設心態。除此之外，他以診斷者和觀察者的姿態來建立威信。他一絲不苟地地訓練自己留意隱微的細節，運用所獲得的資料來預測行為發生的順序。

例二

有一位艾瑞克森以前的病人在他過世後來找我治療。我問她是否記得任何特別的治療經驗，她說在第一次看診時，艾瑞克森抬頭看著她說：「妳不是妳媽媽的最愛。」她頗為震驚地承認他的細微觀察。

艾瑞克森接著說：「妳是祖母或外婆最疼愛的孫女，可能是你的外婆。」他又說對了。這個病人驚訝於他的觀察力，也對他敏銳的才智印象深刻。艾瑞克森再次善用了他勤奮自我訓練的結果，留意任何可能的隱微線索。

例三

一位艾瑞克森以前的病人來找我治療。二十多年前，當時她剛結婚不久，她會突然昏倒。醫學檢查找不出病因，她尋求艾瑞克森的幫助，艾瑞克森要她和她的配偶一同來看診。艾瑞克森認為她沒有嫁給適合的對象，她的丈夫是一個冷淡疏離的人。在病人面前，艾瑞克森面質那個男人未果。然後他建議這位病人離婚，但她堅定地拒絕。艾瑞克森在確認她會是個好媽媽的情況下，要她生小孩！她同意這個提議，數個月之後，治療成功地劃上休止符，他告誡她：在她四十多歲的時候，可能會再次需要治療。

在她四十多歲的時候，這位病人因為再次昏倒，打電話要找艾瑞克森。此時艾瑞克森已經過世，艾瑞克森太太把她轉介給我。這位病人面臨著成人發展適應的關鍵期，她的一對子女都已長大成人，進入大學就讀。她頓時失去生活的重心（她的子女發揮這樣的功能），所以突發性昏厥的問題又出現了。

對病人解析問題的癥結是維持自我平衡和尋找生命重心所帶來的掙扎，這並不能產生改變。艾瑞克森和我都沒有用這樣的方式去面質她。

艾瑞克森的治療讓病人二十年間都過著適應良好的生活。他的風格是達到症狀控制的目標，或幫助個人克服發展上的問題，然後讓病人回歸正常生活。艾瑞克森是一位務實的治療師，除非他真的覺得需要，否則他不會想讓病人達到長期性格上的改變。

▎例四

我有一個視覺研究計畫的初步概念，所以我請艾瑞克森幫忙催眠保羅，讓他每隻眼睛看到不同的色域。然而，他沒有辦法引導出這樣的效果。

催眠結束後，保羅出去逛街，買了一加侖的牛奶和非常多的牛奶巧克力回來。保羅所買的數量令人吃驚；我們明天就要離開，不可能在我們離開之前食用完所有的牛奶和巧克力。保羅自己也感到困惑，他想不出自己行為的合理解釋。

第二天在診間，艾瑞克森問：「保羅昨天離開這裡之後，做了什麼奇怪的事情？」我們面面相覷！然而，艾瑞克森對保羅的行為並不感到驚訝，事實上他還做了一番解釋。在他進行催眠引導的時候，他一直對保羅提到色彩極化（例如，紅色對綠色）。即使保羅一心想要達到這個效果，他卻無法做到，但他已經受到了激發，試圖去回應這個指令；因為他必須有所回應，所以在潛意識的引導之下，他出門買了一堆黑色和白色的食物。

艾瑞克森了解保羅對於催眠指令高度敏感，知道他的暗示會有

某種效果，即使不是當初所預期的結果。

小結

艾瑞克森預測的正確性當然使他更令人信服。除此之外，他也戮力實踐由病人的社會關係著手和有效地瓦解不良適應模式的治療原則。艾瑞克森的治療並非虛耗名聲來炫惑視聽；他端出一盤盤鮮美有料的牛肉。

觀察艾瑞克森的治療

我跟診過幾次艾瑞克森對病人的治療，這些極富啟發性的經驗，讓我得以直接一窺艾瑞克森治療的堂奧。

例一

下面這個例子曾在我另一本書報告過（Zeig, 1985a, p. 322）。然而，我最近發現一些我在此次診察後的筆記，可以增添一些新的面貌（艾瑞克森，私人通信，5/7/74）。

我要求在他早上的一次診察中列席，艾瑞克森拒絕我的要求，他說我和他私人執業的病人一起坐在診間，可能不太恰當。

當天下午，當艾瑞克森在看診時，我在他辦公室隔壁的房間休息。一陣敲門聲把我從午覺中喚醒。我開門一看，是一個非常漂亮、但穿著保守的女人，她說艾瑞克森要找我。

我定了定神，走進艾瑞克森的辦公室，剛剛那個女人坐在病人

位置的椅子上。

艾瑞克森說他不打算介紹我，要我直接坐下。他問我看見什麼，我回答：「一個女人。」那女人說：「三個人。」她侷促不安地玩弄著太陽眼鏡，抵著她的嘴唇。艾瑞克森點出一些事實，她害羞、不安並想要離開這裡。當她打算走出去的時候，他抓住她的手要她留下。

艾瑞克森說：「凱西」（化名）剛告訴我，她戴太陽眼鏡是要保護自己不受這個充滿敵意的世界傷害；但我告訴她，她和我在這裡不需要太陽眼鏡。」事實上，這個時候太陽眼鏡就放在凱西面前的桌上。

艾瑞克森突然話鋒一轉，問我：「她很漂亮吧？」我看著凱西說：「對。」凱西問我是不是學心理學的學生，艾瑞克森接著這一點說這是一次特別優惠。他說我是來自加州的一名治療師。

艾瑞克森接續問道：「她的五官很好看吧？」我看著凱西說：「對。」

「她的眼睛很漂亮吧？」我看著凱西說：「對。」雖然我記得我回答時猶豫了一下。

「她的嘴唇很美吧？」我看著凱西，用哽住的聲音回答：「對。」

艾瑞克森的下一個問題是：「她的唇讓人想一親芳澤吧？」我開始渾身冒冷汗。艾瑞克森在他的椅子上動來動去，似乎愈問愈起勁。很快地，一個問題接著另一個問題：「她的腿很美吧？她穿衣服很得體吧？她會是一個好太太吧？你覺得她會是一個理想的對象吧？」

艾瑞克森用連珠砲的讚美把她淹沒。他說由她嘓起的雙唇，他知道她會接受這些讚美。

我緊張不已。我記得我當時想：「她被催眠了嗎？我被催眠了嗎？她是病人嗎？我是病人嗎？這一切的目的是什麼？他在幫我相親嗎？」

艾瑞克森告訴她，他有兩個親戚叫凱西，她是他認識的第三個凱西。他想要建立歸屬感，減少她將他視為威脅的可能。

他要求她鄭重地答應搬到鳳凰城來，離開她跋扈的母親。病人點頭，答應在她處理完生意的事情後她會搬家。他之前已經植入了這個想法，她可以把生意交給經理人來處理。她說如果凱西搬到鳳凰城，他會處理她跋扈的母親，他不會讓她母親影響到治療。

艾瑞克森繼續用輕鬆的態度讓她做出更多承諾。他問：「妳下一次什麼時候來治療？」她說：「七號。」他問：「哪個月？」她說：「六月。」他又問：「哪一年？」她說：「1974 年。」然後他要她從頭到尾說一遍。她說她會照他的要求去做。

艾瑞克森問我覺得我的表親艾倫或是他的女兒克莉絲提是否能夠當她的朋友。他指出一點我沒注意到的事，她單身，她沒有戴結婚戒指。

這名病人事實上話不多，但艾瑞克森不管言辭上或肢體上的語言都相當豐富。當他在讚美她時，他的身體在輪椅上不停前後擺動。他並不是真正在做治療；他以私人的、自然的態度來面對她，有點像想保護她的父親。他的態度熱切又充滿關心。

突然艾瑞克森太太出現，把艾瑞克森推出辦公室，留我和凱西兩個人在裡面。和凱西道別後，我鎖好艾瑞克森的辦公室。幾分

鐘之後，有人敲門，開門一看是凱西。她很窘迫地衝口說出：「我忘了帶走太陽眼鏡。」當然她的太陽眼鏡還乖乖躺在剛剛她放的桌邊。

在凱西帶走她的太陽眼鏡後，我到大廳找艾瑞克森，想要告訴他這個「意外的收穫」，心想這件事應該會讓他很開心。但他說他已經預料到她的反應，事實上是他預埋了伏筆。

凱西進到辦公室時戴著太陽眼鏡，當他建議和他在一起時不需要戴太陽眼鏡，她把它放在桌上。然後他和她談其他的事情。在談話的過程中，他散布著暗示的訊息，隨意地看著太陽眼鏡，對凱西說：「妳知道人有多容易忘掉東西。例如，妳一定曾經有過幾次忘了拿皮包的經驗。」然後他又回到先前的話題。艾瑞克森自然散布技巧的成果是凱西忘了拿她的太陽眼鏡。

艾瑞克森顯然很高興凱西的反應。他解釋：「她的潛意識開始相信我了。」他說在治療的過程裡，他運用我對凱西工作，因為她有一個幾近妄想的信念，她一定有某些可觀察到的問題。她成長在一個她的女性特徵受到鄙夷的家庭，她對於顯露自己的女性特質心懷畏懼。艾瑞克森希望透過他的治療，凱西能學會在一個男人面前自在地接受另一個男人的讚美。透過這個歷程，她能更進一步地對於自己的女性特質有良好的適應。至於我的部分，我了解到自己面對壓力的承受度。

就我所知，在凱西忘記帶走太陽眼鏡的事情上，艾瑞克森並沒有告訴她那是她對他先前間接散布的暗示及自然失憶指令的反應。我也很確信艾瑞克森沒有對凱西解析她的反應行為。

例二

一個年輕女子深受體重大幅度變化的困擾。當她在學校時,她的體重就會增加,但當她一回到家,體重就會減輕。(這個案例詳細記載於 Rosen, 1982a, p. 145)

艾瑞克森對我解釋她的行為,他說她在家裡必須是一個「小女孩」。我問他會不會將剛剛的解釋告訴病人,他很肯定地說:「不會。」他希望她改變適應模式,但他不認為這樣的解釋有助於她的改變。

在這個診療過程,我觀察到一些沒有記載在羅森(Rosen)書上的情況,艾瑞克森還額外地處理了考試焦慮的問題,他說了幾個故事,暗示她如果讓自己保持在安靜、舒服和放鬆的狀態,她就能表現得更好。

當她由催眠狀態醒來時,艾瑞克森間接地要她讓潛意識閉上她的眼睛。當她遲疑,他解釋她的抗拒是來自於內在,而不是針對他。他之後告訴我,如果她跟著他的暗示,那她就必須承認她的身體沒有問題,而是她自己拒絕回應。

例三

在催眠引導之後,艾瑞克森抬頭看著那個價值觀相當負面的女人。他引起她的注意,強調說:「當妳看一座花園的時候,妳可以選擇去看花,也可以選擇去看雜草。」這種建議正面價值觀的做法,令病人留下難以磨滅的印象。這個譬喻持續地衝擊著我,我曾經將它有效用在許多病人身上。

在陳述一些艾瑞克森偏好的促發改變做法之後,我將在下一章

呈現 1973 年 12 月我第一次和艾瑞克森見面時的會談逐字稿，於此讀者將能夠學習到艾瑞克森的實際做法，不僅是他做法中的微觀剖面，而且是與時俱進的全面歷程。正如讀者將會看到的，艾瑞克森的常識性建議，透過戲劇化的軼事和家庭故事的述說，呈現他不直擊要害的做法。

第四章

米爾頓・艾瑞克森
會談實錄

本章呈現了薩德首次就教於艾瑞克森的會談逐
字稿,其中艾瑞克森談論了許多先前未發表過
的案例,為艾瑞克森的想法和技術提供了全面
歷程的洞察。

為了呈現有效的、多層次的治療溝通，以及艾瑞克森對於新手治療師個人化的訓練方式，我在本章詳列 1973 年 12 月 3 日、4 日和 5 日期間，我首次和艾瑞克森會談的逐字稿。當時我剛拿到臨床心理學碩士，在一間收治嚴重精神疾病患者的留院治療中心工作。為了提供讀者會談相關的背景，在呈現逐字稿之前，我要從頭說起和艾瑞克森初次會面的情形（Zeig, 1980a, pp. 19-20）。

　　我第一次和他見面的情況不太尋常，大概晚上十點半的時候，我到艾瑞克森家，蘿西安娜在門口迎接我，她向屋內的艾瑞克森醫師揮手示意，把我介紹給她的父親認識，當時艾瑞克森坐在門邊左側看電視，她說：「這是我爸爸艾瑞克森醫師。」他緩慢、機械地逐步抬起他的頭，當他的頭抬到水平位置時，他同樣緩慢、機械地將頭轉向我，當他和我視線交會，他怔怔地看著我，又用同樣緩慢、機械的逐步動作，視線停留在我的身體中線往下移。光說我很驚訝這種「打招呼」的方式，還不足以形容當時我內心的震驚，從來沒有人用這種方式跟我「打招呼」，有一段時間我整個人愣在那裡，動彈不得，我不知道該有什麼反應。然後蘿西安娜帶我參觀其他的房間，告訴我她爸爸喜歡惡作劇。

　　然而，艾瑞克森的表現並不是惡作劇，那是一次完美的非語言催眠引導，所有需要用來引導催眠狀態的策略，都呈現在他對我表現的非語言動作當中。他用困惑來打亂我意識的正常運作，我期待他會跟我握手，並說聲「哈囉」。現在我徹底喪失了反應能力。我無法依靠習慣的運作模式。艾瑞克森不僅使用瓦解習慣運作模式的做法，他同時也建立新的反應模式。他模仿出催眠現象，希望我能去體驗它，例如，當病人做手臂懸空動作時，他們會表現出逐步

僵化的移動，他的動作也抓住了我的注意力，這是催眠的特徵之一。然後，當他往下看（look down）我的身體中線，他是在暗示我「進去裡面」，要我實際體驗催眠。

艾瑞克森向我示範了他的溝通功力。

第一天
1973 年 12 月 3 日

第二天早上，艾瑞克森坐在輪椅上，由艾瑞克森太太將他推進會客室，他一語不發，也沒有任何的視線接觸，他費力地把自己由輪椅移到他的辦公座位上。我問他是不是可以錄音，他點頭答應，但沒有看著我，然後他開始以緩慢、有節奏的方式對著地板說話（編按：艾瑞克森的話幾乎是未經修改的逐字呈現；只有少部分為了便於閱讀在文法上稍作修飾。他的表達相當精確。）：

艾瑞克森（以下稱艾）：希望你沒有被滿屋子的紫色嚇到……
薩德（以下稱薩）：嗯。

艾：我是部分色盲。

薩：我知道。

艾：而這個紫色電話……是四個研究生送的禮物。

薩：嗯。

艾：其中兩個認為他們的主修會被當……其中兩個認為他們副修……會被當。認為他們主修會被當的兩個，卻過了……他們的副修……也都過了。認為他們主修會過、副修會被當的兩個……主

修被當了，而副修卻過了。換句話說，他們選擇了我提供的協助。
（艾瑞克森第一次定睛地看著薩德。）

這則簡短的軼事是絕佳的溝通範例，事實上它包含著多重訊息，運用自然困惑的方式來進行催眠。這次的催眠效果之一是我對它完全失憶！（關於艾瑞克森方法的詳細敘述及我的反應，參見Zeig, 1980a。）

艾瑞克森首次的心理治療實驗

艾：關於心理治療，大多數的治療師忽略了一個基本的考量：人並非單由行為所組成，還包括認知和情緒，而且人在情緒上會抗拒他的理智。沒有兩個人會有完全相同的想法，但是所有人都會抗拒想法，無論是由於精神病的因素或是個人切身問題的因素。當你了解到人如何抗拒理智的想法和人有多麼情緒化，你會理解心理治療的首要之務，不是去強迫人改變他們的念頭；相反地，你要跟隨他們的念頭，用緩慢的步調來改變它，創造出有利於改變的情境，讓他們願意改變自己的思想。

我想我第一次真正的心理治療實驗開始於 1930 年。當時在麻州烏斯特州立醫院（Worcester State Hospital）的一位病人要求關在自己的房間裡，他既焦慮又害怕，他花了很多時間用細繩層層纏裹房間裡的窗櫺。他知道他的敵人會進來殺了他，而窗戶是唯一的入口，窗戶的細鐵條對他而言似乎太過脆弱，所以他用細繩來補強。

我進到房間裡，幫他用細繩補強鐵窗戶的橫桿，如此一來，我發現地板有幾個裂縫，建議他這些裂縫應該用報紙來填塞，這樣一

來就絕無（他的敵人逮到他的）可能，然後我又發現靠近門邊的一些裂縫也應該用報紙來填塞。漸漸地，我讓他了解到這間房間只是病房裡的許多房間之一，讓他接受護理人員成為他防禦體系的一部分來協同抗敵；然後整個醫院也納入他的防禦體系，然後麻州精神健康理事會（Board of Mental Health of Massachusetts）也是防禦體系的一部分，再來是警察系統和官員；然後我再將防禦體系的範圍擴大到鄰州，最後我讓全美都成為他防禦體系的一部分，這樣一來他就不用再將自己深鎖在房內，因為他有了綿密深遠的防禦網。

他宣稱敵人要來殺他，我並不打算矯正他精神病的想法，我只想告訴他，有數不盡的人會來保護他。結果是：這個病人能夠享受他在醫院裡自由活動的權利，惬意地漫步在醫院周圍的庭院，他停止瘋狂的奮戰。最後他在醫院的實習商店裡工作，不再是個令醫院頭痛的人物……（編按：這裡逐字稿的後半段曾被當成症狀處方的案例，發表在期刊（Zeig, 1980b）當中，其餘部分都未出版過。）

不對病人預設立場

艾：我下一個學到的重要功課是……對病人預設立場是徹底的錯誤。

大約在 1900 年前後，吉米（Jimmy）被送來州立醫院。如果我沒記錯的話，他的診斷是長期的智能退化，他是一位思覺失調症患者，像植物人一樣無知無覺，像個遊魂。他整天只會呆坐和吃東西，好不容易才學會自己上廁所。他住進醫院的時候大概三十歲，被允許在醫院周圍自由活動，所以經常可以看到他在醫院的庭園裡撿樹枝和樹葉。我記得（有人發現他拿著）被卡車碾過、早已風乾

的癩蛤蟆屍體；每天晚上護理人員都會從他的口袋裡清出一堆垃圾。他很少說話，對任何事情都不感興趣，他整天只吃飯、睡覺、用垃圾填滿口袋，當口袋裡的寶物被清光的時候，他也不吵不鬧。

有一天我剛從波士頓回來，整個醫院兵荒馬亂，醫院病房裡有幾間房間失火了，有兩名護理人員和四十位病人被困在裡面，兩名護理人員已經被大火嚇得失去理智。面對這樣緊急的情況，吉米突然脫胎換骨，他告訴一位護理人員：「把所有的病人都叫來。由側門把他們帶出去，然後數人頭。當你確定所有人都到齊了，把他們帶到院子裡的樹旁，看著他們，不要讓他們亂跑。」

他對另外一位護理人員說：「現在，給我你的鑰匙，跟我來。」接著，吉米檢查每一間房間，看還有沒有人躲在床下，仔細檢查之後，他把房門鎖上；他沒有漏掉任何一個可能躲人的角落。在徹底檢查完整個病房之後，他帶著那名嚇壞的護理人員出來，要他幫同事看著病人。然後，他一個人到處閒晃，開始撿樹枝、樹葉和其他的垃圾。

當我從波士頓回來時，火災警鈴才剛停。這場火沒有造成很大的損害，病人被帶回病房裡，吉米也進來了，坐在他經常待的那個角落裡，就像我這幾個月以來所看到的吉米，一點也沒變。我問他到底發生了什麼事，他認為應該是有事發生了，他不確定所發生的事；我問他檢查房間和他指揮大家的事，他真的不知道發生了什麼事。那兩名嚇壞的護理人員非常困窘地向我報告剛剛發生的狀況，有幾個現實感不錯的病人，證實了他們報告中那個臨危不亂的吉米確實存在過，那兩名護理人員感到相當尷尬，一位被診斷為長期智能退化的三十歲住院病人吉米，剛剛竟然比他們更有應變能力。

所以當你面對精神疾患的病人時，你真的不知道你所處理的是什麼。

運用對方的參考架構

　　艾瑞克森刻意一開頭就說這兩位嚴重精神疾患病人的例子，他知道我對於思覺失調症感興趣。在我寫給他的第一封信裡，我提到我在一間收容長期精神病患的留院治療中心工作，也寄給他一篇我所寫關於幻聽的文章草稿（Zeig, 1974）。一如他慣用病人的參考架構來進行溝通的指導原則，艾瑞克森用我熟悉的經驗語言在說話，在我感興趣的領域裡給我一些指導，間接地建立我們彼此的共通性。

　　值得留意的是，艾瑞克森對我所知有限，他也沒有問我任何問題。他比我更主動積極的發言，他的做法逼得我要不停消化他丟給我的材料。艾瑞克森說了許多故事，透過我的反應來了解我，他隨著我的反應來調整談話的方向，他並不需要依賴我的語言反應來判斷；相反地，他只需要透過我細微的、潛意識的反應，就能決定他的談話目標。

　　艾瑞克森的主要目標是指導我心理治療的藝術，同時，他也希望幫助我的個人成長；這些目標並沒有以清楚明白的契約陳述，然而卻不難理解。這個曖昧不明狀況的結果，使我有點困惑（但沒有不適）。因為我沒有任何的預設立場，改變對我而言會比較容易。

　　艾瑞克森的溝通還有另外一個模式。當他說那個精神病人用繩子纏鐵條的例子時，他不僅在說明情況，也同時揭示了心理治療的原則。例如，這個例子裡隱含著下面的概念：一、對病人不要有先

入為主觀念的必要性；二、漸進改變的重要；三、以病人的價值體系來與他溝通；四、創造有利病人改變想法的情境，讓他們理解到他們自身即具有改變的力量。

在另一個例子（吉米），他同樣包裝了這個概念，治療師應該由病人的世界觀來理解他們，而不是由預設的觀點。

為了達到預期的結果，艾瑞克森通常會採用三步驟的軼事述說法，第一，當呈現一個例子時，會將想呈現的概念，用一般的措詞在開場白中表述；第二，接著一定有一個或數個戲劇化的個案研究來當例證（之前兩則軼事都是案例的片斷，這不是一般的情況。特別在艾瑞克森的晚年，他常說的故事內容都和他治療成功的案例或有趣的生活事件有關。以一般慣例來說，他很少說他治療介入的方法，除非這個方法很成功。）；第三，最後艾瑞克森會總結他的談話，精闢地闡述他所強調的觀念。這三步驟的模式會在這份逐字稿中反覆出現。

艾瑞克森表達其要點的時間長短是由我的反應來決定，他似乎是藉由觀察我的細微線索，來判斷我是否「抓住」他的重點，以決定要不要進到下一個要點；如果我還不能理解他的要點，那他將會有進一步的闡述，並再舉幾個案例來佐證。

請留意，在每個步驟進行的過程當中，他都刻意留下一些模糊地帶，例如，概念通常會以「不直擊要害」的方式呈現，我必須要自己反芻才能抓到他的要點，也因為我要費一番工夫才能領會他的概念，讓整個學習情境更加生動。

黛安的例子

艾：好，為了要了解心理治療的問題，首先你應該試著學會聽懂病人在對你說什麼、他們如何表達他們的問題、他們真正的意思是什麼。心理治療長期以來受到許多精采理論架構的荼毒，但到目前為止，這些理論對於促進心理治療之於病人自身處境的貢獻，可說是乏善可陳。相反地，一個理論概念主體被建構的目的，就是企圖使病人就範於那張波卡斯特床。

那麼，你知道我指的波卡斯特床的意思嗎？

薩：我知道一點。

艾：它的意思是指希臘神話中波卡斯特的床，旅人們有一張床可以過夜，那些身體長過床的人，超出床邊的部分會被砍掉；那些身體比床短的人，會被拉長到與床等齊。

那麼，我要拿一些打字的文章讓你讀，我的祕書記錄下這些對話。我指示一位主治護士，當有一個多話、吵雜又棘手的病人住進醫院時，要讓我知道。我祕書的速記能力很強，無論病人說什麼，她都能像法院書記官一樣很快地把它記下來。

在我將拿給你看的三個個案當中，她記錄了其中兩名病人的談話。第三名病人的丈夫有一天早上打電話給我，當時是二次世界大戰期間，我人剛好在士兵徵召委員會，部隊給他六十天的假，讓他帶太太看精神科醫師，所以他打了那通電話給我。他第二天早上八點收假，他希望我當天下午六點能見他太太，因為他剛好帶他太太在附近看另一個醫生。

當時，我迫不及待地想見那個病人，當時我心想這應該會是個有趣的案子，所以我在六點見他們夫婦倆，那個女人說了三句話，

我回答說：「這位太太，我不知道有任何一個人，讓我恨到想要把妳轉介給他做心理治療。」當時是三月。

這個女人在上次被我拒絕後的反應是：她在下一次的醫院探訪日又出現了。我要祕書讓黛安（全是化名）在椅子上坐下來，我告訴她：「不要跟她說話，不要聽她說話，讓她自己話說，確定妳不要跟她說任何一句話。」如果那個時候我剛好在辦公室，我也不會說話。她接連幾個醫院探訪日都來，花上一、兩個小時待在我的辦公室裡，跟我說她的孩子尼齊和瓊安。我從來沒有答話，只是聆聽，我知道瓊安是女孩子的名字，尼齊可能是男孩或女孩的名字。提到瓊安時她會用「她」或「她的」；當要談到尼齊的事時，她開頭會說：「尼齊。」然後她會說：「尼齊玩東西，尼齊做了這件事，尼齊做了那件事。尼齊吃早餐。尼齊學了新東西。尼齊和她一起去公園。」

有一天我接到一通主治護士打來的電話，她說我們有一名叫黛安的新病人，話一直說個不停，她接著說：「黛安現在正在辦住院手續。」

我找了一位精明幹練的精神科住院醫師，告訴他我有一名新病人住進病房，我要指派他當她的主治大夫，因為我想這個案例對他會是個最好的學習經驗。我給了他一些指示，要他去拿半打或一打削好的鉛筆和一疊空白紙張，交給一位護士。他要安排一張桌子給黛安，告訴她他是他的治療師，要她寫下個人生平。他也要安排一個護士待在桌邊，每當黛安寫滿一張紙的時候，就把那張紙拿過來，不讓黛安做任何更動、修飾、塗改、調整或任何改變。

黛安在一個天氣悶熱而潮溼的午後，以雙行間距的格式寫滿了

三十七張打字紙，並且她是振筆疾書地一路寫下來。她寫的東西交到我的祕書手上，我要她打好字後鎖在一個特別的抽屜裡，她是唯一有鑰匙的人。「我並不想知道她寫了什麼，而我也不希望其他人知道。」

當這個住院醫師第二天看到這名病人時，他很高興眼前看到的病人，他說她是最有魅力的病人，主動積極地尋求心理治療，而他的治療成效也相當不錯。他在星期一第一次治療她，星期六他幾乎快哭出來，因為他犯了一些愚蠢的錯誤，讓她退回當初住院時的狀態。

我告訴他每個人都會犯錯，不要放在心上，但要繼續努力，看他是否能彌補他的錯誤。在接下來的兩個星期，這個住院醫師意氣風發，黛安對治療的反應極佳，他為了要和黛安工作，甚至放棄了星期天的休假。兩個星期之後，他又幾乎到了涕泗縱橫的邊緣。他再次犯了愚蠢的錯誤，讓黛安退化到當初入院的狀態。三個月期間，他一再犯錯，黛安總是能從跌落的谷底爬起，繼續進步。

在三個月快結束時，他又犯了另一個嚴重的錯誤，讓她退回當初的狀態。他來找我，說：「我知道我可以犯錯，但沒有人會犯這麼多像我對黛安犯下的錯，沒有人會犯這麼多的錯誤，但我犯了。請你告訴我，到底是哪裡出了問題？我的治療就像在玩溜溜球，一直搖擺不定。」所以我帶他到我的辦公室，告訴我的祕書：「把黛安寫的自傳拿來。」我把它交給他，要他讀完它，告訴我他能為黛安的治療做些什麼。我告訴他黛安在三月的某天對我說了三句話，我回她說：「我不知道有任何一個人，讓我恨到想要把妳轉介給他做心理治療。」我也告訴他，黛安如何在每個醫院的探訪日都來談

話，對我的祕書或我通常提到關於尼齊和瓊安的事。

艾（**對著薩德**）：我會給你那個個案記錄。[1]

如果你讀了第一段，你會知道關於黛安的一切；如果你讀了第二段，你不只會知道一切，還會找到證據；如果你讀了第三段，你不只對黛安整個人生和相關佐證有全盤的了解，還會了解她的做法；而第四段將會證實所有的一切。

我要問你的問題是：「她最後一頁寫了什麼？」不要偷看，你自己去想出來，因為你已經讀過了前面四段，你應該確實地知道打字稿的最後一頁寫了些什麼。（艾瑞克森給了薩德額外的兩份個案記錄。）

聆聽病人真正的聲音

接下來這裡給你的是——我稱它們叫速記圖（stenograms），因為我的祕書是用速記打字機打出夏娃·帕頓（Eva Parton）的記錄[2]。當然，你所有必須讀的部分，第一段作為診斷的參考，第二段用來判斷她的職業，最後一段用來判斷她的年紀。在你讀完第二頁之後，你會得到所有需要的證據，用來確認她的診斷、年紀、職業，並且了解她生命裡的重大事件。

第三個速記圖是關於米莉·帕頓（Millie Parton）[3]（和夏娃·

---

[1] 原註：參閱附錄一：詳載第一段和最後一段由病人所寫的自傳。整份三七頁的文件存放在艾瑞克森基金會（Erickson Foundation）的檔案資料庫。

[2] 原註：參閱附錄二：詳載整份四頁的逐字稿。

[3] 原註：參閱附錄三：詳載前四頁的逐字稿。整份十頁的逐字稿存放在艾瑞克森基金會的檔案資料庫。

帕頓沒有親戚關係）。你讀第一頁和第二頁，你應該要知道米莉已經告訴你的所有事情。

你應該要了解事情的全貌，如果你想的話，你可以繼續讀完整份文件，你會知道她已經告訴過你的所有事情。當然，你會知道她的診斷，你也能夠證明自己有能力了解你所讀的東西。（編按：為了使讀者從接下來的對談內容中有更豐富的收穫，建議先行研讀附錄的逐字稿，並試著回答艾瑞克森的問題，再繼續閱讀之後的內容。）

我有一個病人十二點會來，你可以在她來的時候，自己花時間讀這些資料。當我看診的時候，你可以先看夏娃·帕頓的前兩頁記錄，米莉·帕頓的部分你就讀到自己感興趣的段落，還有黛安的第一頁。然後在一點的時候，我會抽問你，看你是否真的讀懂這些資料，因為大部分的人都不知道如何去讀懂資料，他們也不知道如何去聽懂別人的話。人們有一種傾向，只聽他們想聽的，只想他們願意想的，只了解他們想要了解的，而不是去了解病人所說或所寫的內容。他們試圖將他們所聽或所讀的內容，放入自己的經驗框架中理解，但這不是進行心理治療的方法。你要真正聽懂**病人**，你要真正了解**病人**。

好，我打斷一下，我不知道你想從我這裡學到什麼，但我不希望讓你離開這裡之後，還對溝通到底是怎麼一回事毫無所悉，也不了解人類的思考和反應的歷程、他們的行為模式，以及他們如何覺察到自己思考切身問題和周遭世界的歷程。

這三個都是很好的教學案例。我之前會要我精神科的住院醫師研讀這些逐字稿，直到他們能進到隔離病房聽一位嚴重、多話的精

神病人說話，聽完出來後能做出正確的診斷為止。當然，並不是每位住院醫師都能做到，有時候他們要花上好幾個月的時間，才能真正理解他們所聽到的內容，和他們當時應該立刻解讀的角度。但那是個愉快的教學經驗，也是個愉快的學習經驗。

那麼，當我離開辦公室之後，歡迎你隨意參觀。因為我身體的因素，我無法給你太多的時間。我一天只看一、兩個病人，特別是有趣的病人——那些我認為能用最小的力氣來幫助的病人。我今天有一個病人，明天有兩個。

今天要來的病人在她自己不知情的狀況下，已經向我透露其實她還不想解決自身問題的訊息，她並不想知道自己想要解決它，她也不想知道她不想要解決它。她已經暗示我（**在解決問題之前**）她還需要一段時間，但是那段時間應該要多長，她還沒有讓我知道。我知道她裹足不前的一些原因，但她錯誤地解讀了那些原因。我之前讓恩尼斯特・羅西醫生看過這個病人，讓他看看她現在並不想解決問題的一些特徵，她知道自己的問題在哪裡，也知道她會克服它，但她並不知道她需要多少復原的時間；而那些她並不想知道的事，其實早已昭然若揭。

我想我明天會有兩個新病人進來，如果病人來了，我會讓你看我做治療，我會讓你來看。但大部分精神疾患的病人不會在陌生人面前談自己的問題。

艾：好了，那麼你有沒有什麼問題呢？

薩：喔，剛剛你提到的那個案例——你待會要見的那個女人，她是什麼病——她的主訴問題是什麼？

艾：她說她有飛行恐懼症。

薩：有何徵兆顯示她並不想放棄她的恐懼症？

艾：你有鉛筆嗎？

薩：我有鋼筆。

（艾瑞克森在一張紙上畫了三條線，一條水平線、一條垂直線和一條斜線。）

艾：你看得懂嗎？（**停頓**）好，垂直線代表「是」。

薩：嗯。

艾：水平線代表「否」。

薩：嗯。

艾：病人並不需要知道他們是在催眠狀態中，最好的狀況是讓他們認為自己並沒有被催眠。你為什麼要和他們爭辯這個問題？只要你知道他們是在催眠狀態中，那就夠了。

當時我懷疑自己進入催眠的能力，或許艾瑞克森看出這點，間接提醒我：之前我對他的自然困惑催眠引導反應很好。

觀察隱微動作

艾：當你針對一個爭議性的題目發表演說，演說的過程中，你留意聽眾的反應，你會看到有人這樣做（**點頭**），也會看到有人這

樣做（**搖他們的頭**）。演說結束之後，你留了一段時間讓聽眾問問題，你點了其中一個（**點頭的聽眾**），問他覺得你的論點如何，他會很溫暖地支持你的觀點。然後你再點另一個（**點頭的聽眾**）、第三個、第四個。然後你點一個把頭這樣擺的聽眾（**搖他的頭**），他會很保留地陳述他的看法。接著你點另一個（**點頭的聽眾**），然後你再點另一個（**搖頭的聽眾**），他甚至會更生怯地表達他的質疑。但是聽眾群裡沒有人知道箇中玄妙，因為聽眾們並沒有看演講。

薩：他們不知道怎麼回事？

艾：是的，因為他們是在聽演講。他們認為每個人都同意你的觀點，似乎沒有人是真正的反對。

好，「我不知道」不是「是」，也不是「否」，它是這樣（**艾瑞克森笑著把頭傾斜一邊**）。當他們這樣斜著頭的時候，表示他們不知道，所以你可以挑點頭者或搖頭者來回答，而你知道自己該挑哪一個人。

艾瑞克森很戲劇化地呈現關於隱微線索的訊息，用很有力量的軼事來闡述這個要點；結果是，這些簡單的概念頓時鮮活了起來，在我腦海裡留下深刻而不可磨滅的印記。

艾：在進行團體催眠引導的時候，你用你的眼睛——你留意正在發生的狀況，因為很少人會意識到他們一直在點頭。

薩：太棒了。

艾：（**笑**）。同樣的，可以從那個女病人身上看出，當她在說她的恐懼症的時候，她用這種方式談她的恐懼症（**搖她的頭說**

否），和這種方式（**把她的頭擺在「我不知道」的位置**）。我可以看出她用隱微的動作告訴我她真正關心的事，因為大的動作我們自己會知道，但我們不會意識到自己表現出來的隱微動作。

所以你很謹慎地問問題，然後觀察病人隱微動作的反應。當病人警覺著不去背叛自己時，你已經從隱微的動作裡看到真貌；他們是在對你說悄悄話，而不是對他們自己，潛意識有它自己的運作方式。

意識上我們會思考，也知道我們目前身在何處，今天是哪一天、哪一個星期、哪一個月和哪一年，但我們真的不知道潛意識裡發生了什麼事。

你有很多和人會面的經驗，但壓根兒也想不到任何不喜歡其中某些人的原因，你可能需要花上幾個月的時間去理出頭緒，你為什麼因為某件小事而不喜歡他們，我們在文化的濡染之下，學會不去揭露某些事情，我們學到不應該去表現某些行為；將事情潛抑並保留在潛意識的傾向，這是人類行為的特徵。這是一個優點，因為意識狀態本來就該**導向**當前的狀態。

現在你能專注地聽我說話，而不受暖爐間續的開關聲影響，你不需要去注意那個外在的刺激源。你意識上不需要注意到房間裡的書架、檔案櫃，和整個房間到處都是紫色的東西。但是意識上你不能不去留意錄音機、書桌、信封、坐墊和我的位置。你有多重的注意焦點，在催眠過程當中，你只是減少受試者注意焦點的數量，直到你的受試者只剩單一的注意焦點；而單一焦點能夠很簡單地鎖定，因為在催眠過程裡，病人眼睛睜著能聽到你說話，但是他們不需要看到你才能聽到你說話，也不需要在意識上聽到你才能懂得你

的話，所以只要將他們的注意力焦點鎖定在你的聲音和你話語的意義上。

除了談論催眠的本質之外，最後的段落實質上是另一次的自然催眠引導。請留意艾瑞克森如何引導我的注意力，並使用模糊不清的代名詞來呈現暗示指令，例如，「在催眠過程當中，你（**粗體字表示「我的」**）只是減少受試者注意焦點的數量。」

（電話鈴聲響起，艾瑞克森接起電話。電話是他兒子羅伯·艾瑞克森（Robert Erickson）打來的。）

艾：好，觀察這件事：我訓練的一部分是去看見事情的真相，而我們的文化訓練我的一部分是去忽略一些事情。你會忽略別人跟你說話時的發音錯誤；你寧願不去看別人領帶上的蛋漬；當一個人對另一個人說話的時候，你不會去提醒他的衣服沒有扣好，你會忽略很多事情。

我訓練自己去看許多關於病人和人們的事情。當我在社交場合和人們會面時，我會關掉自己的注意力，因為我在他們身上所看見的事情完全不關我的事。當他們以病人的身分來到我面前，我能看到很多關於他們的事，因為病人會告訴你許多可怕的謊言。

我不知道我給過這個女人多少次機會，讓她告訴我她的手提袋裡有一瓶威士忌——也就是承認她自己有酒癮，她一直不願告訴我。

（電話聲響起，艾瑞克森和底特律的一位治療師說話，他同意看這位治療師轉診的一位病人。）

艾：既然這位女士對我隱匿這個訊息，最後我必須請她讓我看她的駕照，因為我相信她的焦慮有一部分是來自於她的駕照快過期的問題。她拿出駕照讓我看，我指出她只剩一個星期去考試，我問她是否打算去考，以及到底是什麼事情讓她猶豫不決，唯有如此她才會告訴我她有酒癮。但她之前已經告訴過我很多個人隱私，連她自己都不相信竟然會告訴其他人，其中有一點令我大吃一驚，我經由注意到她自我揭露的一個非語言訊息得知，甚至連她自己都不知道這一點。

這個關於恐懼症女人的故事觸發了我許多的想法，我揣想自己剛剛洩露了哪些非語言訊息，和我自己有什麼「隱而不宣」的問題。

艾：那麼，我們來談非語言溝通。在二次大戰期間，我在士兵徵召委員會工作，我從底特律的韋恩郡總醫院搭公車去上班。有一天下午，當我在回韋恩郡總醫院的車上，我坐在靠窗的位置，有一個年輕男孩上車，在我旁邊坐下來，我們兩個都沒有說話。公車沿著利佛諾斯大道（Livernois Avenue）一路開下去，一直開到亨利‧福特（Henry Ford）的蘋果園。

很奇特地，我注意到那年輕男孩的眼珠，我注意到他的眼珠打量著蘋果園的長度、蘋果園的寬度，和蒲式耳（bushel）蘋果籃子的數目，摘果工人擺了很多籃子在靠近公路旁的果園底。這個年輕男孩喃喃自語說：「好到中等。」那是對農作物的評價，不可能是其他的意思。

我問：「你在哪裡的農場長大？」只有農場孩子會有這種評價農作物的知識，而能問剛才的問題，他答道：「維吉尼亞。」然後他潛意識注意到我問了一個農場孩子會問的問題，他說：「你在哪裡的農場長大？」我說：「威斯康辛。」然後對話就結束了。他從來都沒有想到要問我：我是怎麼知道要問他那個問題。

（在這個時候艾瑞克森停止了會談，他拿給薩德那三份逐字稿，接著去看他十二點的病人。會談繼續。）

艾瑞克森的分析——夏娃·帕頓

艾：夏娃·帕頓的資料你讀了多少？

薩：夏娃的資料我全讀完了。

艾：很好，那米莉·帕頓的呢？

薩：我大概讀了五、六頁，然後我讀了黛安部分的前兩頁。

艾：很好。首先，你對夏娃·帕頓有什麼想法？（**參閱附錄二**）

薩：嗯，她似乎很保護她自己，她說她提供機會讓人問問題，但她並沒有真正給人機會問問題。所以我看見她在某些方面相當保護她自己。我正在思考其中一點，她可能是害怕⋯⋯

艾：（**同時說話**）她告訴了你什麼？

薩：她告訴我什麼？嗯。

艾：嗯。

薩：我所了解的是她對自己目前的生活現狀並沒有清楚的理解。（**對艾瑞克森說話**）你不是在問我分析性的描述。這對我而言很困難，因為我在找分析性的描述。

艾：我能做個總結：她什麼也沒說。

薩：（笑）

艾：一點也沒說。你沒有看出來，你是在分析一堆空白。

薩：（笑）

艾：「你只要問問題，我會負責回答。」那是兩個正向的說法。「不要告訴我你連這個都不知道。」那是兩個負向的說法。

薩：沒錯。

艾：「我今年三十二歲，或者說我應該算是三十二歲。」

薩：嗯。

艾：「應該算是」和「我今年三十二歲」相互矛盾。

「我在1912年6月16日出生於密蘇里州的何克連（化名），那是一個小鎮——閒話越過後院的籬笆到鄰居家裡就像洗米水一樣——就像餵豬吃的洗米水。」

這段敘述什麼也沒提到，不是嗎？

薩：沒有。

艾：你甚至不知道那到底是不是個鎮。（笑）

「兩條腿的母狗和毒蛇住在人的軀體裡。」蛇並沒有住在人的身體裡，你聽過任何蛇住在人的身體裡嗎？她什麼也沒告訴你。至於兩條腿的母狗，那是什麼意思？她沒有告訴你那一個兩條腿的母狗——他們是誰？

薩：我想或許她是指男人和女人。

艾：「有很多人我不喜歡。」好，你可以說這是一正一反的說法。

「其中一個是扶養我的小姐。」

沒有小姐會扶養，一個小姐只會飼養（No lady raises-a lady rears），所以她不是小姐。（**艾瑞克森笑**）

薩：嗯。

艾：「我崇拜那個養我的男人，他像百合花一樣白，他的頭髮和渡鴉一樣黑。」

所以她提到了黑與白的對立，用「和渡鴉一樣黑」來和白產生矛盾。

薩：嗯。

艾：你認為她提到關於某人的某些事，事實上她只提到了顏色。

薩：嗯。

艾：「他的眼睛跟豹一樣黃，但他是一隻從來不會改變身上斑點的豹。」

她說崇拜他，但她向你提到關於他最好的一件事是他有黃色的眼睛。黑和白對比，和豹不會改變身上的斑點。（**艾瑞克森笑**）「他是白皮膚，他的媽媽是黑皮膚。」黑與白，再次矛盾。

「他有一個大哥，主宰著整個家庭，他把他的太太送頓到瘋人院。」當你把你的太太送到瘋人院，你就沒有太太。

「她現在在另一個地方。」和剛才的說法矛盾。

薩：嗯。

艾：「他們把病房鋪滿護墊，所以你就不會撞得頭破血流。」另一個矛盾說法。好，她又被送到另一個瘋人院。

「十八年前，在他的照料之下，她出院了，一個下流無恥狗娘養的人讓她懷孕。」然後她被送回瘋人院——矛盾。

還有「她的小男孩現在已經十八歲。」十八歲還能叫小男孩嗎？沒有人十八歲還是個小男孩。

「我的弟媳諾瑪・可瓦斯基（Norma Kowalski），我同母異父弟弟雅各・可瓦斯基（Jacob Kowalski）的老婆，現在住在底特律的伯里（Braile）12345……」

聽起來像是街號，不是嗎？

薩：是。

艾：但你可以說 1-2-3-4-5 比你給一個真正的街號來得快，例如，3-4-2-8-5。她給了一串她能說得最快的號碼。

薩：我懂了。

艾：（**讀逐字稿的結尾**）「聖經上告訴你，一個妓女就是出賣自己身體的人，但我從來沒有出賣過我的身體，但當我離開這個地方的時候，我打算要這樣做。因為我已經厭倦了這麼該死的努力工作，只為了從這個世界裡得到我現在的一切，我再也不要工作了。」

矛盾一個接著一個。她給了我們一堆龐雜卻無用的資料。

薩：裡面有很多東西可以挑出來解釋和分析。

艾：那沒有什麼關係……

薩：（同時說話）留意她創造的平衡。

艾：留意她創造的平衡。

薩：結果是什麼都不是。

艾：結果是什麼都不是。試圖去分析、闡釋那些資料是很愚蠢的事。

薩：嗯。

艾：當她從她的躁期痊癒之後──完全痊癒，她寫了一封信給我，那個時候她告訴我她的個人資料。

「昨天我烤了一個蛋糕，但我今天沒有烤蛋糕。」

薩：同樣的情況。

艾：同樣的平衡，卻是真實的敘述。沒有事情能真正救贖讓她成為一個人。你說對一件事，她是在保護自己，不過是用製造噪音的方式保護她自己。

薩：而和像她這樣的病人工作的一個要點，就是要尊重他們不願意自我揭露的意願。你會如何和她工作？

艾：讓她盡情宣洩：「吶喊出來，製造任何妳想製造的噪音，妳早晚會願意聽我說，然後我可能可以聽到妳真正的聲音。」

薩：不去挑戰她的抗拒，給予許多的關心。「當你需要我的時候，我就在這裡。」

艾：告訴她：「我想要聽到妳真正的聲音，但妳可以繼續製造任何妳想發出的噪音。（**聲調變柔和**）或許改天妳會聽我說話。」那給她瓦解舊模式或接受它的機會。

薩：所有這些噪音的目的，就是讓她自己不能聽到你說話。

艾：嗯。並且告訴她：她想控制我行為的企圖並沒有得逞。我可以做任何我想做的事，或許她之後會聽進我的話。在沒有確認話語意義之前，她無法駁斥我的說法；在沒有確認話語意義之前，她無法同意我的說法──無論何種選擇，我都讓她聽到了我的聲音。

我將這個概念用在我的一些治療技術上，美國精神病學會（The American Psychiatric Association）考慮要把我開除會籍。我發表了一篇關於肉體監禁的正面應用，他們取消了同時段的會議來

聽我發表的文章。朋友們警告我不要發表這篇文章，我還是執意發表。我指出：精神病人經常蜷縮在床褥之間，躲藏在陰暗的角落，他們瑟縮在陰暗的角落，用將自己緊緊包裹的方式來保護自己。我發現我可以讓病人穿上約束衣（straitjacket）來滿足他們躲藏的需求，我會告訴病人：「一旦你覺得舒服了，你只需要叫護士來脫掉約束衣。」

薩：所以你話裡的意思是說：「我並不想被你的企圖所束縛。」

艾：是的，我讓我的病人穿上約束衣，大概要花十五分鐘才能幫病人穿好。當約束衣的帶子束緊時，病人會說：「現在，你可以把我放出去了。」然後護士就必須幫他脫掉。護士怨恨這件事，但我的病人喜歡。他們知道一有需要，他們就可以要求穿上約束衣，我想這比躲在床褥之間和門後的效果好。

就在夏娃的狀況漸漸好轉時，艾瑞克森太太和我一直在想名字雙關語的問題，什麼樣的雙關語能讓你用來取笑艾瑞克森這個名字？我們想不出來。第二天早上，當我在病房的時候，夏娃對我說：「艾瑞克森醫生，可以給我一根香菸嗎？」我說：「夏娃，不行。」她說：「真是好極了，討人厭的醫生（Dr. Irksome）。」非常好的雙關語。（**艾瑞克森笑**）

薩：嗯。

艾瑞克森的分析──米莉‧帕頓

艾：好，剛剛那是你所讀的材料裡，你並沒有讀懂的部分。那米莉‧帕頓如何……診斷、她的年紀和職業？（**參閱附錄三**）

薩：嗯。我不喜歡去標籤一個病人。我會說診斷應該是思覺失調症和妄想症；年紀，我不知道；職業，我不知道。

艾：很好。先不要去管你不喜歡標籤這件事，「首先，我在這裡並不是一個病人。」她在哪裡？

薩：（笑）

艾：她經歷著何種不真實感？

薩：嗯。

艾：「我在兩天前被我的阿姨帶來這裡，我相信我的阿姨是善意。」沒有一個妄想症病人會認為其他人是善意的，所以這裡的不真實感是釋放善意。

「她認為我需要某種治療，只是以目前的狀況看來，我的頭腦還相當清楚。」當你對任何事情頭腦還相當清楚，你會有什麼樣的心理疾病？（艾瑞克森笑）

「當我人在紐約市的貝里約（Bellevue）時，他們找到我。過去三年，我一直斷斷續續地（on and off）住在那裡；我應該說大部分時間都不在（mostly off），因為我丈夫一直都在部隊服役……」

好，什麼樣的病人能這麼面無表情地說：「我一直斷斷續續地住在那裡；我應該說大部分時間都不在……」她確實不在發作期，這類型的病人稱為僵直型思覺失調症。沒有人同意我的看法，直到幾個月之後她出現了僵直性的痲木。

「斷斷續續。」帶有一點狡獪的幽默，「大部分時間都不在。」很難解讀它真正意思的狡猾幽默。只有僵直性思覺失調症病人才能說出詭詐的幽默，因為他們自我抽離，由戲謔的角度來看一

切事物。

薩：嗯。

艾：「我的舅舅把我養大，他對我很好。一直到我長大，我在那裡都很快樂。然後，我想每個人都會到一個想要有自己的家的年紀，這並沒有錯，也不是不自然的事，不是嗎？」

在哪個年紀你會說出一個中年人的人生觀？

薩：大約是四十多歲吧？

艾：沒錯，你必須到那個年紀，那是一段中年價值觀的敘述，一個中年人的人生觀。（**對薩德說**）那麼，你能確定了嗎？

艾：「為什麼用一個德國名字會有錯，我不知道，但似乎每當這個國家面對一場戰爭，有德國名字的人就要遭殃。」

所以她大概是身處一次世界大戰期間。

薩：我了解了。

艾：（**笑**）好，在同一頁裡，絕對有她職業的證據。

薩：有嗎？

艾：嗯，並且還是一個三個字母的字。

薩：三個字母？

艾：先用幾個字來表達，然後用一個三個字母的字來證實。

（**薩德停了很久在研究內容**）

薩：好，我放棄了。

艾：她是這個世界的女人。

薩：這個世界的女人？你是指一個妓女。

艾：是。（**笑**）「而克莉絲也一直在這個世界打滾。」

當亨利哈德森飯店的生意變差的時候，她會到另一間飯店工

作。然後她會再搬到另一間飯店。

艾：嗯。

艾：她在飯店工作。（**對薩德說話**）你為什麼不了解你所讀的？

你知道關於黛安的哪些事？（**參閱附錄一**）

艾瑞克森的分析——黛安·蕭

薩：我在想的其中一件事，是你給的治療介入相當有效。她似乎一直留意著是否自己能找到一個真正強壯的人——一個她不能操弄的人，一個她不能控制的人。同時，她的憤怒，她一直非常的憤怒，她用一種間接的方式很明顯地表現她的憤怒。

艾：那麼，你還知道關於黛安的哪些事？

薩：我還要再試一次啊？（**笑**）

艾：（**暫停**）記住，她曾對我說了三句話——我告訴她，我不知道有任何一個人，讓我恨到想要把她轉介給他治療。

薩：那三句話是什麼？

艾：嗯，你應該能夠自己想出來，你也應該要知道最後一頁說了些什麼。在第一段裡頭，她用貶抑口氣提到四個人。

薩：嗯。

艾：在下一段裡提到些什麼？

薩：偷竊。

艾：和一張鋼琴椅——用貶抑的口氣。

薩：嗯。

艾：鑽石墜飾和一角撲滿被並列在同一等級談論，你不會把鑽

石和一角撲滿相提並論；他們不在同樣的分類範疇裡。還有，她用貶抑的語氣提到第五個人。

（**解說第三段**）我們的煤炭多到地下室裝不下，以前有人會站在我們家門口詛咒我們。她唯一得到的溫暖，是當她表現出「適度的感激」時。

（**從第四段**）而她最早關於她美麗母親的記憶是什麼？

薩：伸手摸她的洋裝。

艾：她的洋裝——而不是她的母親。

薩：那是關於洋裝的記憶。那是關於她母親最早的記憶——摸她的洋裝。

艾：好。她進到我的辦公室說：「我頭痛得厲害，而你祕書桌上的那一團混亂讓我的頭痛更嚴重。而且你心裡會想一個醫生應該有更像樣的家具，任何一個讀醫學書籍的人都應該知道如何把他它們在書架上整齊地陳列。」

薩：每句話都尖酸刻薄。

艾：每句話都尖酸刻薄。而可憐的亞歷士在幫她做心理治療，她把他當成溜溜球玩弄在股掌之間；一個星期有起色，下一個星期就退化，直到他學會他不能犯所有這些錯誤。

薩：嗯。

艾：在丹尼自己的要求之下，他變成了她的主治大夫。他說：「我知道你們這些人的問題出在哪裡——你們為什麼不替黛安做一次腸胃檢查？」我說：「可能是因為我們太笨了。」丹尼告訴我們：「嗯，我已經替黛安安排了全套的腸胃檢查。」

我問道：「她什麼時候要去照相？」

我們查出她什麼時候會照完 X 光出來，所以當黛安出來的時候，我和亞歷士就等在電梯口。她出了電梯，說道：「我現在終於有一個像樣的醫生了。」我說：「黛安，那很好。」她走到角落去；我猶豫了一下，然後我們也走到角落去。黛安在飲水機前喝水，喝下的量已經足以毀掉第二次的 X 光檢查，她看著我們說：「該死的聰明傢伙。」她走進女廁所，我和亞歷士都不是紳士——我們也跟著進去，而黛安正在那裡用手指猛摳喉頭，想要吐掉剛剛的顯影劑。

當然，她成功毀了那次一系列的檢查，所以丹尼又為她安排了一次全套的檢查。他替她照完第一次的 X 光後，她就從醫院逃跑了；兩天之後回來。他為她安排了第三次的檢查，她第二次逃跑；幾天之後回來。他為她安排第四次的檢查，這一次他完全限制她的行動，完成了一系列的 X 光檢查。之後她逃離醫院，三個月之內都沒有回來。（**艾瑞克森笑**）換句話說，她是個反社會的人，會毀了任何事和任何人。

薩：最後一頁寫了些什麼？

艾：你猜不到嗎？

薩：猜不到。

艾：我要亞歷士指派一名護理人員待在桌邊，拿一打鉛筆給黛安，還要護理人員在她每寫完一頁之後，就把它收好。

薩：沒錯。

艾：我告訴他關於她如何在三月到八月期間的探訪日來醫院，和我或我的祕書談話，我們兩個人都沒有表現出在聽她講話的樣子。她會提到瓊安是一個甜美的女孩，尼齊喜歡玩遊戲，尼齊喜歡

吃煎餅，但她從來沒有用代名詞來取代尼齊的名字。好，情況是這樣，當你試著要談論兩個人，你可以輕易地洩漏其中一個人的性別，但千萬不能洩漏另外一個人的性別。

在八月初，我為了一件事到醫院的庭院裡。當我來到一個角落，我見到了黛安帶著尼齊和瓊安，我說：「黛安，我向妳道歉。在這樣的情況之下見到你，完全在我的意料之外。」

而她說：「你真是個該死的傢伙。」因為那個時候，我知道了尼齊的性別。後來她找了個法子來報復我，她跑到底特律市中心，要法官把她判到韋恩郡醫院接受治療。她是龐蒂亞克郡（Pontiac County）的居民，不應該由韋恩郡的醫療機構來治療（**艾瑞克森笑**），她讓法官犯了一個錯誤。

薩：所以她應該是要讓你治療。

艾：讓我治療。即使亞歷士告訴她：他是她的心理治療師，當護理人員站在她旁邊那一剎那，她就知道其實我才是要她寫個人自傳的幕後操盤手。

在最後一頁，她寫道：「你建議的這間醫院。我不想去──但我知道我還是會去。我想回去──收容病房──自大的護理人員──害怕再次離開──累了──為抱怨困擾我的身體病痛感到羞恥──因為當我在醫院得盲腸炎的時候，他們嘲笑我，告訴我『一切都是我想出來的』──你在龐蒂亞克的所有問題，『一切都是你想出來的』。」

「你知道接下來的部分。我希望我有勇氣先死去，然後我才能看清你的臉，再狠狠地罵自己一頓。我想你一定相信我會痊癒，不然你不會花時間在我身上……」

（**對薩德說**）我並沒有花時間在她身上。（**艾瑞克森笑著說，然後繼續唸**）

「我只是怕我會讓你失望。我並不勇敢，我知道自己骨子裡的想法相當醜陋。我可能會盡一切所能，不讓你認識真實的我。」

「這就是所有的故事。我只是把冒出腦海的想法很快地寫下來。我的文筆很差，而且字跡潦草。」（**艾瑞克森頓爾笑**）

（**對薩德說**）她尖酸刻薄的能力登峰造極——甚至表現在對她的自傳和筆跡上的批評。（**繼續讀**）

「然而，我已經寫得手臂痠痛、脖子僵硬，腦子也不清楚了。」

「因為我還沒有死，所以我還繼續在寫我的生命故事，我甚至已經不太確定自己是不是還是想死——但是我很確定——喔，我非常討厭早起！」

她引用了一首歌的歌詞來作為自傳的結尾。（**艾瑞克森笑**）在一間精神醫院——「喔，我非常討厭早起！」她貶抑了所有的事情——字跡、文章、她自己、她的人生，和用謊言填滿這整件事情。

我來到庭院的角落，看到那兩個孩子——我看到兩個小女孩。我對黛安道歉——「我沒有想到會在這樣的情況之下遇到你。」「你真是個該死的傢伙！」她說。（**艾瑞克森笑**）

薩：那她的目的是？⋯⋯

艾：強迫我去問尼齊的性別。但我懷疑黛安還能這樣裝多久。

薩：顯然非常狡猾。

艾：黛安最後一次逃離醫院時，丹尼很生氣，因為她飛到新墨

西哥州的阿布奎基（Albuquerque）。有一天來了一封引起醫院騷動的郵件，丹尼的祕書告訴我：「黛安寫了封信給丹尼。」所以我打電話通知亞歷士，我們兩個一起到丹尼的辦公室等他拆那封信。他拿起那封信，仔細端詳著，他說：「黛安是寫給我，不是寫給你們兩個人！」然後丹尼把信拆開，開始讀信的內容，他的表情顯得相當高興。黛安寫了一篇優美詩意的散文，描述山區景致，但是在第二段開頭寫著：「明天我要去鱸魚洞（bass hole）釣魚。」

（**艾瑞克森對薩德說**）「Bass hole（鱸魚洞）-asshole（混蛋）。」（**艾瑞克森笑**）

艾：（**繼續說**）丹尼讀到那一行時，脫口說出：「她真該死！」然後把信丟在地上。那篇優美的文章（**艾瑞克森笑**），竟然接著一句粗鄙的話。

十五年之後，她打了通電話給我，她說：「我現在人在鳳凰城，我現在要去見一位**好**醫生。我那些頭痛的問題還在，我要去見聖喬治（St. George）醫師。」所以我打電話給聖喬治醫師，跟他說：「約翰，你有一位新病人，來自新墨西哥州阿布奎基的黛安‧蕭。她是之前我在密西根時的一位病人。你想要從我這裡很簡單就能知道關於她的事嗎？或是你想走困難的路，自己費力地摸索出關於她的一切？」他說：「困難的路似乎比較有趣。」所以他一開始對她做一系列大腦 X 光和血管照影的檢查，當檢查進行到一半，黛安在未經許可的情況下離開醫院，她跑回新墨西哥，留下一堆醫院的帳單讓聖喬治付。他打電話給我說：「我知道困難的路是怎麼一回事了。」

這裡是一封黛安在 1967 年寫給我的一封信。（整封信存放在

艾瑞克森鳳凰城的檔案櫃。）（**艾瑞克森讀信**）

「艾瑞克森醫生，不要假裝你已經忘記我了。我知道你沒有。」

「除了讓你知道我的視力不好之外，我不會為我把字寫得這麼大找任何藉口，我現在藉著放大鏡的輔助來寫字（如果你還看不清楚的話，你的視力一定比我還糟）。（**艾瑞克森笑**）令人驚訝地，這個情況讓我對事情有了不同的看法。我再也無法大量閱讀，也不能畫畫，人眼睛的功用真是令人驚訝。但我發現自己有兩項才能，第一項是走起路來會撞到所有的東西，而另一項是音樂；我彈風琴，幾乎所有的曲子，透過我的耳朵，幾分鐘之內我就能學會彈奏。」（**對薩德說**）換句話說，她聽一首歌一遍，自己就學會，然後她立刻可以彈奏出來，但不是看著樂譜彈，她靠著她的記憶。你不可能憑著記憶去彈一首新歌，換句話說，她是自己隨性亂彈，自我滿足。（**繼續讀信**）「我見過一位你的同事（他說他是你的朋友，但他不知道我跟你有多熟）。」（**艾瑞克森笑**）

「第一點，我懷疑你會把很多人視為『朋友』；第二點，我知道了你對大多數精神科醫師能力的看法；第三點，他只不過是個猴子不知屁股紅的傢伙。」

（**對薩德說**）從 1944 年到 1967 年。

薩：二十三年——一點也沒變。

艾：沒錯，你所有需要聽的訊息都在她那三句話裡面——「你祕書的桌子一團亂，你的家具很廉價，你沒有好好珍惜你所有的醫學書籍，沒有排列整齊。」

你不要去分析它，你只要去聽，聽懂它，並且了解到你所有從

她那裡得知的訊息都是不可靠的。

可憐的亞歷士——他花了三個月，還犧牲了許多的週末，才學會這門功課。因為不要相信你所聽到的，也不要分析你所聽到的一切。你只要去了解它真正代表的意思。

薩：然後事情很清楚地指向沒有任何治療介入的可能——沒有任何能做的事。

艾：對極了。你會付出很大的代價。

薩：但卻沒有任何收穫。

艾：她不會有所收穫，你也不會有所收穫。但這件事在我看來，亞歷士學到一些經驗。（**艾瑞克森笑**）而黛安對我很生氣，我用她讓亞歷士學經驗。

薩：而她依然……

艾：（**同時說話**）沒改變。而聖喬治學到了困難的路不好走，那是他自己的選擇。他打電話給我，告訴我事情的來龍去脈——「我知道困難的路是怎麼一回事了。」

我說：「如果一開始我就跟你說：無論你怎麼做，她都會讓你灰頭土臉，你會相信我嗎？」他說：「不，我應該不會信。她很有魅力，讓人很喜歡，她很迷人，但她確實是不折不扣戲弄人的高手。」

薩：我總是認為，即使非常難纏的個案，如果我有足夠的技巧或經驗的豐富，一定能找出治療介入的方法。

艾：你最好趕快拋掉這個念頭。因為你剛剛所說的意思是——一定有方法可以避免死亡，一定有方法可以預防所有的疾病——如果你有足夠的技巧。

薩：倒不是神通廣大到足以起死回生的技巧，但至少可以去治療或處理它。

艾：我想你必須認知到自己無法治療所有的疾病，但很多愚蠢的心理治療師都是這樣想，他們都有這樣的自大想法：如果他們有足夠的技巧，他們就能治療每個人——當然他們確信能在他們當中找到這樣的技巧，而不是去面對事實：有很多人不是可以治療的，他們將會濫用治療。

和艾瑞克森討論黛安的例子，在幾個方面影響了我：一、它幫助我了解到，無論一位治療師的技巧多好，治療還是有其明確的限度。我因為艾瑞克森在業界相當成功，所以來就教於他；然而他和我談的第一個詳細案例，其中他的治療並沒有成功，他甚至沒有企圖去做心理治療。能在心理治療可茲實踐與可能的疆域裡工作，這是很重要的。艾瑞克森不會接每個個案；他也不會去治療每種問題。他知道該把他的精力運用在何處。二、我現在能夠認識、了解並懂得如何去處理黛安這類型的問題。在我未來的執業生涯，我知道該如何處理這類型的病人。三、我能在臨床工作所面對形形色色的病人當中，找出可預測的模式，特別是透過語言運用所顯示的模式。四、我逐漸開始理解，艾瑞克森的治療方式是根植於病人對於治療師溝通的反應程度。無論治療師的技術多富有創意，如果沒有任何反應——沒有學習——就沒有任何治療。五、在切身的層面，我有一種反應，我記得自己不斷的想著：「我要改變。」

艾瑞克森繼續用類似的模式，另外舉了一個例子，我想他是想要確定我「抓住它了」。

受騙醫師的案例

艾：當時，一位在鳳凰城的家醫科醫師送一位病人到我這裡來，病人的問題是大腿疼痛，他一直用藥物來治療這位病人。病人進來，對我描述他的疼痛，我認為他對症狀描述得很好——好的像是我在任何醫學教科書所看到的內容。病人表達他的沮喪，因為他替那位醫生帶來了很多麻煩。他告訴我，他是一名工程師，他知道在哪裡可以收購到很多值錢的機械設備，它們都是因為某些意外因素而遺失，這是一個相當合理的說法。當然，他大概需要一百元美金挹注在這筆生意上。我問他已經騙了那個家醫科醫師多少錢，他說他跟他借了五百，但是不夠，所以他又借了五百。他想如果他能再從我這裡借到一百，他很確定他能夠收購到那些器材，讓我們三個人都發財。

我說：「你真的認為我那麼笨嗎？你找到一個好方法持續供應你免費的藥，而且這個來源還不會讓毒品稽查小組起疑心。很明顯地，你讀過一些疼痛的資料，了解到你很容易就能透過這個途徑取得藥物。你一直在詐騙那個家醫科醫生的金錢，而你現在還想把我當成另外一個冤大頭。我會跟你的家庭醫師說這件事。」

那位家庭醫師對我勃然大怒，認為我對病人沒有同情心。許多年之後，他和他太太還有女兒來找我，他說：「我知道我抵押了所有東西，我知道我答應我太太不能去抵押房子，因為房子在她的名下。但是我還是抵押了房子，我還是要給那個男子更多的錢，因為我知道我之前投資在他身上的錢，他會連本帶利的還給我。」

他太太說：「我們已經沒有了家，所有的資產都變賣了，我的珠寶和嫁妝都變賣了。我們已經供不起孩子讀大學，而這個該死的

蠢蛋還要借更多的錢給那個騙子。」

　　我告訴他：「如果一個病人照著教科書的內容，告訴你他有疼痛的問題——表明他擔心麻醉藥品，並且再三確認他不會因此而成癮——你最好立刻相信他有毒癮。而且如果你借一個人五百塊，你不要為了拿回原先的五百，再借他五百。」

　　在他抵押太太的房子和耗盡孩子們的大學教育經費之前，他已經從存款借給他超過三萬塊。他們的孩子現在完全自食其力，工作來養活自己，他自己也因為過度工作而形容枯槁；他收費太高（他需要錢借給那個騙子），所以流失了很多病人。

　　為什麼一個病人會來找你？我不相信坐在那張椅子上的病人跟我說的所有事情。

▌用故事來回答故事

　　今天早上坐在那裡的那個女人——我告訴你，她已經承認了所有事情。

　　在第一次會談的時候，我問她在外頭是否有超過一次以上的外遇，她坦然地承認自己有過幾段婚外情，但她持續誤導我她的問題，最後我告訴她：「我已經試過所有要讓妳說出問題的方法。讓我看妳的駕照。」她不太願意，但她還是拿出來給我看，我說：「所以妳的駕照在下星期就過期了。妳真的很害怕去那裡參加考試。好，請妳告訴我，妳為什麼那麼怕到那裡參加考試。當然妳必須要知道：我知道妳的問題是什麼，因為我已經從妳的駕照上看出端倪來了。現在把妳真正的問題從妳的手提袋裡拿出來——威士忌。」（艾瑞克森笑）

今天我開始告訴她關於病人的軼事，她覺得相當有趣。她很同情一個女人，她因為對工作場合恐懼而持續來看診。

我告訴她一系列的故事，而她也告訴我一系列的故事來回報我。她突然意識到：她的每則軼事都有一個共同的主題，然後她發現，她軼事裡的共同主題和我軼事裡的共同主題是一樣的。（**艾瑞克森笑**）

薩：鋪陳情境，讓她能自發的獲得理解。

艾：嗯。我會告訴你一些虛構的軼事——你並不需要知道真正的事。

她的三個朋友開始在蓋新家，她和她的丈夫也同時在蓋。另一個女人進入他們的生活，毀了三段婚姻。

她的另一個好朋友遇到她認識的一個女人，她不討人喜歡。（**對薩德說**）意思是說她很迷人，但不討人喜歡。然後這個女人介入她其中一位朋友的婚姻。

（**對薩德說**）另一個女人；這些故事裡共同的主題是——另一個女人。換句話說，她的婚姻受到威脅，這是我為什麼知道她有外遇。

她說：「我知道我丈夫在給我一本跟性有關的書之後取笑我，因為我沒有看。我把它藏在書桌的抽屜裡，之後就再也沒有看過它一眼。」我說：「是的。妳低估了自己的價值。」

那就是她的問題，問題不是害怕搭飛機的恐懼症，她不願意回到她和丈夫正在建造的新家。她說她害怕搭飛機，我清楚知道，她不是害怕搭飛機，她只是不願意對自己承認，她是害怕她可能配不上她的丈夫。她從來就不敢對自己承認：她覺得自己不夠好。

她下週五將要飛回家，打算好好地享受旅途，她並不知道，她已經下定決心但卻不知道這一切。她今天來見我，是希望告訴我她的決定。

等到這些說完之後，她說：「我在從加州回去的路上，我在高速公路上差點發生車禍，開車真的很危險。昨天的天氣真好，很適合在天空翱翔。」她丈夫經營航空業，所以她認為昨天的天氣很適合坐上熱氣球遨遊一番。如果她真的有飛行恐懼症，她就不會認為那天的天氣很適合搭飛機。今天當我發現她真的被自己困住了，我花了兩個小時和她談話。

艾瑞克森的話題回到了今早的病人身上，他指出自己如何使用軼事去導向連結，用故事來回答故事，直到病人發現她故事裡的「公分母」。他用她的層次來和她溝通，尊重她潛在的藏匿實情之需求。同時，他創造出有利改變的情境，並挑選恰當時機丟出關於低自尊的訊息，而獲得最大的效果。

預測行為模式

下面的談話，艾瑞克森回到行為模式預測的主題，他談到他的女婿達夫。

艾：你讀了那篇文章嗎？（艾瑞克森注意到我手裡拿著他發表的一篇文章：〈聲音軌跡催眠在人類行為的重要性——一次田野調查〉（*A Field Investigation by Hypnosis of Sound Loci Importance in Human Behavior, 1973*）

薩：我瀏覽過一遍，這篇我之前讀過了，它刊在上一期的美國臨床催眠期刊。

艾：嗯。第一個案例，我是在1929年寫的。第二個是在1940年，第三個在1968年。我把所有的東西寫成草稿，去年才把它寫成可以發表的格式。

薩：我不懂你怎麼會想到那個做法，把聲音軌跡的想法用到第三位先生身上。

艾：那純粹是意外的收穫。我必須要向海奇（Hackett）醫生示範，我能夠在不說「催眠」、不說任何話的情況下催眠一個人。事實上每個人都有那種聲音軌跡的經驗。

當我藍眼珠的女兒（貝蒂·愛莉絲·艾略特（Betty 170 Alice Elliott））讀完那段描述，她說：「爸爸，這真是令人作嘔。當我想到我還是個女學生時所做的事，我就覺得噁心。」

她的丈夫是一位空軍中校。如果你想要當一名噴射機駕駛，對聲音的反應是一件你必須要學會控制的事。

他這樣的訓練也反應在他開車的時候。一直到第一個小嬰兒出生前，我的女兒都沒有注意到這個情況；他們打算帶著小嬰兒跟他們一起開車出門，「達夫，為了怕耽誤事情，你去買第二輛車吧。以後我和小嬰兒開一輛車，你開另一輛跟在我們後面。」就這樣，她小心規矩地開著車，他就像開著飛機在後面亦步亦趨地跟著。

（笑）他們由內華達州來——那裡有一條直達的高速公路，而她說：「我想知道他能跟得有多好，所以我會來回蛇行駕駛。」他緊跟著，從來沒有注意到她是故意蛇行。（艾瑞克森笑）

當她對達夫叫喊：「把車停下來——吃飯時間到了。」他也聽

不到，他只聽到引擎聲，他全神貫注在那上面。當你開著一架單引擎的噴射機，飛行在六萬呎的高空，你必須要專注在引擎聲，並且要聽到它在運轉；你必須要知道飛機的精確位置和你自己相對的關係；你必須要知道你是否正側開著你的飛機，或是倒立飛行，或是用另一側飛行；你必須知道飛機位置和你的相對關係，以及引擎聲和你的關係。

現在他是一名安全官，我的女兒覺得開著前導車很有趣，透過後照鏡看著他亦步亦趨地跟著她。她試著突然踩煞車——他也會同步減速。他完美無誤地駕駛著他的飛行器——同時相當得心應手。他知道他的狀況很好，而且無論前導車怎麼開都不是問題；他只要留意它的位置，而複製它的行進方式。他了解那篇文章所談的內容。

當我還是個孩子的時候，我對於聲音軌跡很好奇——從不同的方位去聽聲音。而海奇認為你應該用固定的催眠方式：「放鬆。你的眼皮很重。你的手很輕，浮得愈來愈高。你的眼皮愈來愈重，愈來愈重。」所有的專業用語和措詞都不是最重要的。

你創造一個讓病人進入催眠狀態的情境，讓他們知道自己在催眠狀態並不重要。重要的是你自己知道。如果他們告訴你，他們沒有被催眠，如果你有興趣的話，你可以反駁他們，但也只是逞一時之快而已。

我想起一個男人的例子，他說：「在兩個星期內，我必須搭飛機去波士頓。當我面對飛機的時候，我整個人都會僵住，我有好幾次要登上客機時，我的肌肉會失控，我整個人癱瘓不能動——我害怕。我也試著搭過私人飛機，但還是上不了機。我有超過數千小時

的搭機經驗。我也知道如何開飛機。我必須要去一趟波士頓，但過去五年以來，我從來沒有成功搭上飛機。我的夥伴都替我去了，現在我必須自己去。你能幫我催眠，去除我對飛行的恐懼嗎？」我告訴他：「可以。」

我進行了一個多小時。他說：「那真是令人最不滿意的治療，我根本沒有被催眠。我能聽到外面的車聲、鳥聲、公車聲、小貨車聲、大卡車聲、跑車聲，分得出哪一輛是福特，哪一輛是雪佛蘭，我無法不聽到外面許許多多的車聲。你再幫我催眠一次如何？」我說：「你剛剛進入很深的催眠狀態。我不認為我該再幫你催眠一次。」他說：「我不這麼覺得。再幫我催眠一次。」我說：「好吧，我會再幫你催眠一次。但是當你今天離開這裡之後，首先我要你很慎重地答應我一件事，當你的問題出現的時候，你不要做任何事來矯正你的問題。當你的問題出現時，絕對不要做任何事來矯正你的問題。」

他之後又回來接受第二次催眠——當然他還是不滿意結果。我並沒有告訴他，在第一次催眠的時候，有兩隻海妖出現的過程。他去了波士頓。

另一位病人告訴我：「今天是星期一，星期四我必須要去達拉斯，否則我的工作不保。（**這個案例的詳細記錄和另一個面向的探討，刊載於 Zeig, 1980a, p.64**）我在 1962 年遇過一次飛行意外——飛機沒有任何的損傷，也沒有人員受傷。我繼續搭飛機，但漸漸地我改搭其他的交通工具旅行——火車、汽車和巴士。我會待到假期結束前的最後一刻，我痛恨歸程到這種地步。現在我的老闆說我必須搭飛機去，我已經有一整年不敢搭飛機。」

她補充了一些資訊：「只要飛機還在地面上，我就沒有問題。我能搭計程車到跑道盡頭，再從跑道盡頭到機場，但是一旦飛機起飛，我就陷入極度的恐懼。我一直不停顫抖，直到我整個人精疲力竭。」

　　我為她做治療。當她從達拉斯回來之後，她從鳳凰城機場打電話給我，告訴我這趟旅行美妙極了。當天晚上，我有四位博士班的學生來上課，所以我要她出席，我也要之前那個男士一同出席。她告訴學生們她如何來找我，而我做了什麼。我幫她做催眠，在那次治療之後，我讓她搭上由鳳凰城出發的班機。在到第一站厄爾巴索（El Psso）途中，她擔心飛行恐懼的問題會重現。她說：「當我們抵達厄爾巴索時，有二十分鐘的停留時間。我下飛機，到了機場的預定登機地方。我坐下告訴我自己：『數到二十，然後進入催眠狀態。一字不漏地告訴自己艾瑞克森醫生要妳做的，當你從二十倒數到一，就會從催眠狀態醒來。』。」她這麼做了，接下來的旅程都很愉快。

　　我讓她向四個學生和那位男士說了這個故事，然後我告訴她：「妳認為妳告訴我妳的問題了，不是嗎？」她說：「我告訴你了。」「但你沒有告訴我所有的問題。」

　　她說：「我有。」「妳並沒有。妳還有其他的問題。看看妳能不能想到一些相當影響妳日常生活的恐懼。」她說：「但我沒有其他的恐懼了。」「或許我最好幫幫妳。那懼高症呢？」她說：「那是什麼？」「害怕高處。」她說：「喔，對。當我到達達拉斯的時候，我到一棟有透明電梯的大樓，我很自在地一路搭著電梯到樓上，又搭著電梯下來，那是我第一次這樣輕鬆自然地搭電梯。」

我說：「很好，那只是妳問題的一部分。那其他部分呢？」她說：「我不知道，沒有其他部分了。」我說：「我知道妳的問題還有其他的部分。那麼，有任何奇怪的事發生嗎？特別是在開車的時候。」她說：「喔，有。每當在車上要過橋的時候，我會閉上眼睛，縮成一團。我很害怕過橋。」

那個男人突然說：「我可以給你一些例子。」我說：「是嗎？告訴他們你是怎麼打破對我的承諾的。」他說：「我只是到市區，搭透明電梯到頂樓，那跟我的問題無關。然後我到機場，搭計程車一直到跑道盡頭，但我不能接受飛機起飛，下不了車。」我說：「沒錯，但你很享受波士頓旅程來回的部分。」

薩：我搞糊塗了。你要他問題發生的時候不要做任何事。

艾：（**同時說話**）……就他所了解的，那是他有生之年第一次搭電梯，他也搭計程車直到跑道底。

我說他問題的時候，你沒有聽懂。他無法**登上**客機，他立刻全身癱瘓；他無法走**進**飛機，他無法登上飛機。他認為那是飛行恐懼，我讓他繼續認為那是飛行恐懼。（**艾瑞克森笑**）因此，他並沒有做任何事去改善他的問題。所以，他的問題是由他認為無效的催眠所矯治。

薩：而他矯正了它。

艾：他並沒有矯正它，但我已經矯正了它。

而那個女孩，她的恐懼是什麼？跟飛機航行沒有關係，她能搭計乘車到跑道盡頭，由跑道盡頭到機場。因此，她並不是害怕待在飛機裡面，她只是認為自己是。我的治療是告訴她：「在我做任何治療之前，首先我必須要先知道妳是不是一個好的催眠受試者，讓

我們先看看妳能不能進入催眠。」她可以，所以我讓她醒來，告訴她：「好，聽著。妳想要治療，我可以給妳治療。妳並沒有真的了解妳問題的癥結，不然妳就不會有問題了。我知道正確矯治這個問題的方法。我要妳絕對地答應我，毫無疑問、沒有限度地答應我：妳會做任何我說的事，無論好壞。妳是一個漂亮的年輕女子，我是一個男人，被限制在輪椅上行動不便並不代表什麼。我要一個絕對肯定的承諾，妳會做任何我要求妳做的事。」她猶豫了一下，然後說：「你要我做的事不會比我發生在飛機上的事還糟。我毫無保留地答應你。」

　　她所不知道的是，她是受不了待在一個密閉的空間，在那裡她看不到任何潛在的奧援；而那個男士也看不到。我所必須要幫他克服的問題是他登機的恐懼，我所必須要幫她克服的問題是害怕毫無保留的交託。

　　薩：毫無保留的交託。

　　艾：因為當你坐在飛機上時，你已經交託了自己，沒任何轉圜的空間。機長掌控著駕駛權，你什麼也不能做——你不能下飛機，你不能改變它的方向，你只是完全的交託。

　　薩：所以當她全心信賴你，對你做出承諾……

　　艾：（**同時說話**）當她毫無保留地對我承諾，她發現她能依靠那個承諾走下去。

　　薩：我懂了。

　　艾：這是我如何知道她一定有過橋的恐懼和搭電梯的恐懼。

　　薩：當車子過橋的時候，一定是其他人在駕駛——我懂了。

　　艾：而大多數的人都會用其他的詞來分析他們的恐懼。

薩：所以你是故意忽略那個人的抱怨？

艾：我聽出他們敘述裡的真正意義。她說她能很自在地搭計程車到跑道盡頭，再回到機場裡，但當飛機升空的時候，她渾身顫抖。而他說他突然全身癱瘓，無法走進機艙；害怕進到機艙裡面，這是他恐懼的源頭。我讓他以為他繼續懷有那個恐懼——我並沒有成功。而他當然不了解搭那趟電梯對他而言真正的意義。

薩：而那是你會這麼確定的原因——他會去測試他的問題還在不在。

艾：我知道他會去測試。他仍然認為他的問題還在。

太多人只去聽問題，而當他們該聽病人沒有說出來的部分時，他們並沒有去聽（**艾瑞克森笑**）。這是很重要的事情。

（**艾瑞克森撥了通電話到大廳，要艾瑞克森太太來把他推出去。**）

艾：今天就到此為止。

薩：好。

艾：現在是你的自由活動時間。明天早上十一點我有一個診，下午一點也有一個診。中午的時候，我會回到我的房間，可能用一點午餐，然後我會出來看我一點的病人。兩點的時候，我會見你。現在你最好讀一讀海利和維克連合寫的那本關於我的技術的書，看看我組織事情的方法。

薩：那本《催眠引導及其評論》（*Trance Induction with Commentary*），是嗎？（Erickson, Haley, and Weakleand, 1959）好。

艾：因為當你在面對病人的時候，你現在說一些事，提到一些事，而這些事的意義可能會在半個小時、可能會在一個星期以後，

才會對病人顯明。

薩：預先播種（seeding）。

艾：對我而言，去知道你是不是有兄弟的最好方法，不是直接問你，而是開始誇耀我的兄弟。

總結

在今天的會談裡，艾瑞克森說了三個恐懼症的案例，我不認為這是純屬巧合。

在我拜訪他之前，艾瑞克森知道我對於要見他這件事驚恐不安。在拜訪艾瑞克森之前，在我出席的一個專業會議上，我已經見過他的兩位同事：羅伯·皮爾森（Robert Pearson）醫師和凱·湯普森（Kay Thompson）牙科博士。之後，皮爾森打電話給艾瑞克森，跟他提到我（Pearson, 1982）。

透過他說的恐懼症故事，艾瑞克森同理了我沒有說出口的恐懼，並且獲得了一個正面的結果；在每一個例子裡，恐懼症出乎意料地解決了。在類似的模式下，我在不知不覺當中被引導去解決個人的恐懼。

在談論恐懼症的過程當中，艾瑞克森試著引導我的內在連結（association）。他不是直接告訴我要想什麼，相反地，他製造隱微的壓力到特定的思考方向上。以他所舉的那個例子來說，要讓一個人去談論他的兄弟，先由談論自己的兄弟開始。一開始我並不是很了解這個技巧的重要性，然而，我很快就了解到：引導連結是艾瑞克森治療方式的關鍵所在。心理治療通常都發生在與衍生問題同

層次的前意識連結，與問題衍生的層次相同。一個病人的想法能透過連結的引導而緩慢地改變，透過這種方式，改變更為病人自發導向。

讓我們來回顧一下這次會談裡的其他主題。艾瑞克森強調用常識性的做法去建立起以病人為中心的改變氣氛；他用戲劇手法去增加治療方法的效果。在一方面，他採用間接的做法（不直擊要害），然而，他也能用設定界限、態度堅決和面質病人的做法。他將觀察力和隱微線索運用到極致，由病人的參考架構內來了解病人。艾瑞克森也強調正面觀點，他會找出現實情境中可茲辨識與發展的資源。當其他人都還在口惠而實不至地談論發揮病人力量（strengths）的重要性時，艾瑞克森已經示範了一個治療師該如何真正運用它們。

在接下來的兩天，艾瑞克森會談到與他個人和專業主題有關的故事，例如「信任你的潛意識」、「以玩耍和彈性的心態來面對治療和生活」和「直接面對恐懼」。他會再次強調對行為的預測和不可改變的模式。還有，他也會說與家庭有關的故事，闡述傳統價值和自我依恃的觀點。或許他的某些方法是用來幫助我當時特定的發展狀態，那個時候我是一個年輕的成年男子，正處於組織自己家庭的過渡期。

第二天
1973 年 12 月 4 日

艾瑞克森很明顯處在疼痛的狀態，他好不容易才把自己從輪椅

移到辦公椅上。他的聲音顯得虛弱無力。

艾：我昨天忘了跟你說一件事：時間點的掌握很重要，當你對一個病人說話的時候，你想要他們去辨認出其中的共同主題，或者是你打算激起他們個人的回憶時，你必須試著掌握你說話的時間，才能在完全正確的時刻，用你想說的話去觸及他們。

好，我今天打算速度放慢一點。我昨天謹慎地掌控和那位病人的談話節奏，當你全神貫注地調整步調，你會全身肌肉緊繃。由於昨天的緣故，我的肌肉免不了整個繃緊，所以我一整夜有無數次的肌肉抽筋和嚴重的疼痛。你看，我有脊椎關節炎、視網膜炎、肌炎、腱鞘炎和痛風；我的手、我的膝、我的坐骨神經、我的腿、我的右腳和我的頭全都不能運用自如，我的脖子很僵硬。所以我今天會放慢步調。

既然你已經見到我，你應該想出你問皮爾森和湯普森那個棘手問題的答案了。

薩：哪一個問題？

艾：當我見到他的時候，我該做什麼？

薩：（**笑**）那是一個非常棘手的問題。當我和皮爾森醫師談話的那天，我內心忐忑不安。

艾：為了什麼？我坐在輪椅上，又不能追你，也沒有力氣把你丟出去。

薩：（**明顯的感動**）艾瑞克森醫師，我對你相當地欽佩。

艾：嗯，我只能說一句話，我最後打算要讓我的孩子們欽佩我。

薩：對不起，我沒聽清楚？

艾：我最後打算要讓我的孩子們欽佩我，他們總是認為我有點退化，有一點智障。

薩：你是個相當令人佩服的人。

艾：不，我是一個好奇的人。

薩：有機會和你相處這幾個小時，對我的意義大到言語難以形容。

艾：嗯，我只是一個走到人生盡頭的老笨蛋。

薩：（笑）

在病人的問題框架下治療

艾：好，從我昨天見到你之後，你做了什麼事情？

薩：花了一些時間聽我們昨天的對談錄音帶。

艾：我表達得清楚嗎？

薩：很清楚。事實上，當我聽錄音帶的時候，我更能了解你所要表達的意思。我也花了一些時間讀了《催眠引導及其評論》，雖然我還沒有完全看完。

我對你昨天說的一件事有疑問，當你在替那位有恐懼症的女人做治療時，你說：「我是個男人，我坐在輪椅上，而你是個女人。」你為什麼要這麼說呢？為什麼你要強調你是一個男人，而她是一個女人呢？

艾：她是一個美麗的已婚女人。是集最好與最糟之大成的情況，對一個美麗、年輕、已婚的女性，最糟的威脅就是必須要發生性關係。

薩：所以你的暗示裡頭有明確的誘惑涵意。

艾：不是誘惑性的暗示，是性威脅的暗示——離飛機議題非常遙遠的威脅。而即使我的身體被限制在輪椅上，我仍然能要求她寬衣解帶，要求撫弄她的胸部，要求她挑逗我；我仍然可以滿嘴淫辭穢語。我要她感到完全無助地困在這個情境，就像當飛機離開地面時她的處境一樣。

你需要在病人的問題框架下治療他們。她並不知道她問題的框架是什麼，我知道那是什麼——對於完全陷溺的害怕，她處在完全喪失掌控力的情境。雖然我的男病人認為他的問題出在坐飛機，我知道那不是問題的癥結。真正聽懂病人的敘述是重點所在。

另一方面，我們都有肢體語言。當我接下我在麻州烏斯特的第一份工作時，臨床主任說：「艾瑞克森，你跛得很嚴重，我也是。我不知道你是什麼原因造成的，但我是在第一次世界大戰的時候變成這樣。我為了腿部的骨髓炎動了二十九次手術，而我學到了身體殘疾在精神醫學界是一份極具優勢的資產。你引發女人的母性本能；她們想要幫助你。無論她們的精神病有多嚴重，你確實吸引她們的母性本能，只是她們不知道。至於男人，你不再是個威脅——你不是他們的對手，你只是個跛子。所以你在精神醫學界一定會做得到。」

我要給你的另一個建議是：保持莊重的態度。現在有多少年輕人對性感到好奇？他們對性充滿疑惑。如果你不害怕談論性話題，如果你不猥褻地談論它，如果你不把它當成開玩笑的話題，如果你對待它就像是血壓或脈搏這一類的問題，他們會尊敬你，把你當成可以吐露祕密的人。

你仔細留意每個跟性有關、但又躊躇於要不要說的問題：人們會告訴你一堆事情。並且留意非語言溝通訊息以及語言訊息，用這種方式傳達你願意和他們談任何的問題。當你經驗更豐富之後，你可能會比他們知道的更多，只要他們覺得你知道的比他們多，有助於他們對你吐露祕密。「他已經知道那件事了，所以為什麼不說出來。」

　　薩：用很概略的說法——模糊的說法？

　　艾：不，不是模糊的說法。「當然，我知道你最近發生了什麼事情？」

　　薩：我懂了。

　　艾：那是一種指控；那暗示著我真的知道。或許實際上我不知道，但只要我知道，你可能就會說出來。（艾瑞克森下一個病人來了。）（對那位病人說）進來。

　　（在他看完病人後，我們的會談繼續。）剛剛那位病人為一個特別的問題來找我，事實上，她有著殘缺的自我形象。她的嘴唇有某種節奏……

　　薩：她的唇動有節奏？

　　艾：我注意到一種不必要的唇動節奏。我注意到了她的脈搏加速。

　　薩：在她的脖子上。

　　艾：是。她穿著迷你裙，我注意到她的大腿內側有規律的抖動，所以我告訴她，她有一些性方面的內在衝突。

　　薩：那她怎麼回答？

　　艾：她說確實有，問我是怎麼知道的。我告訴她我是怎麼看出

來的，她很高興我提出這個問題，因為她不願意告訴我，當她進來的時候，她本來不打算告訴我。但是她的潛意識要我知道，所以我告訴她。並且我不是經由問問題才得知。

她希望下個星期見我，我告訴她：「妳會不會有點太沒耐性了？」她說：「那是我的缺點。」（**艾瑞克森笑**）她**知道**她太沒耐心。

薩：你同意下星期見她嗎？

艾：沒有，我跟她約兩個星期後的今天。我問她這樣是不是沒問題，她言行不一地點頭，連她自己也不知道。

薩：表示確認。

艾：觀察你的病人，留意他們說出來或是表現出來的語言或非語言訊息。

薩：有時候你選擇用間接的方式去回應一個潛意識的動作。在這個個案上，你做了直接的解析。

艾：那要看那個人是否有相當開放的人格特質，或者是多慮的人格特質。這個女孩相當開放，而且她沒有耐心。首先要矯治的是她的缺乏耐心，我並沒有立刻就答應她的下一次約診。當她離開的時候，她輕輕地碰了我的肩膀。

薩：代表什麼意思。

艾：「我喜歡你。」

薩：一個相關的問題。有時候你選擇對病人意識之外的行為做出回應。

艾：嗯。一位年輕的女子告訴我她害怕坐飛機，我不認為她有這個問題，我說她並不害怕坐飛機。去年她嫁給一位德國的飛機工

程師，飛去德國的途中，她發現自己有飛行恐懼症；那時她三十二歲，那是她的第一次婚姻。她非常迷人、非常討人喜歡。她的德國籍丈夫說英語幾乎沒有一絲外國腔調，他很明顯地愛上她了。由於工作的因素，她的丈夫必須回德國；他已經在這裡的空軍基地完成了額外的技術訓練，在回到德國確定他的工作之後，他會回來接她。

我告訴她，我能證明她沒有飛行恐懼症。我讓她搭上到土桑市的班機，她一路驚恐萬分地抵達目的地；空服員必須握住她的手來安撫她的情緒。她精疲力竭，所以必須要在土桑市待上一天。她回來的時候一路上簡直是歇斯底里。

她在約定的時間前來，問我下一次要讓她飛哪裡。如果她真的害怕，她就不會來問我下一次要讓她飛哪裡。所以我告訴她：「妳還沒斷奶，妳死命地想要留在妳父母身邊，妳從來就沒有真正離開過妳的父母。」

我最近收到她的一張卡片，卡片是用德文寫的，上面寫著：「*從我們的家對你的房子致意。*」（**艾瑞克森笑**）一間房子不是一個家，對她而言這裡只是一間房子。她的父母住在亞歷桑那的一間房子裡，而家現在是在德國。（**笑**）從這些小地方就可以看出來，「*從我們的家對你的房子致意。*」（Grusses unseren Heim Ihren Haus.）她已經把在鳳凰城的家降級成只是一間房子，而在德國建立了自己的家，（**艾瑞克森笑**）從這短短的一句話就可以看出來。你所必須要知道的只是房子和家的差別。她大可以寫成「從房子到房子」（von Hausen zu Hausen），但她說：「家到房子。」（Heim zu Hausen）家到房子，這就說明了一切。還有，一個真正

的恐懼症患者不會走進來說：「下一個地方你打算讓我飛哪裡？」

薩：從這一點可以看出她把你當成父母的角色。

艾：嗯。

薩：而你由她對你的依賴來面質她。

艾：就是說她還沒有斷奶，即使她已經三十二歲了。還有為什麼要費心去分析她的童年呢？你並不能改變過去，你能啟發他們關於過去的種種，但好處也僅止於教育他們關於過去的種種。你要過的是今天、明天、下個星期和下個月，而這才是重點。我告訴青少年：「你要什麼時候快樂呢——現在、你短暫的十幾歲這幾年、你短暫的雙十年華，或者你想要在你生命最後的五十年都很快樂。」

（艾瑞克森笑）

薩：給他們當頭棒喝。

艾：沒錯，現在十幾歲的階段很短，二十幾歲不長，而他們生命的最後五十年是一段很長、很長的時間。

薩：如果不能現場看你治療下一個病人，那可以把整個過程錄下來重聽嗎？

艾：精神病人可能會想：「那個精神科醫師到底想知道我什麼事？」現場錄音會是件很冒犯的事。當我看一個新病人的時候，我不知道那個病人究竟是什麼樣子。我不打算造成任何威脅。那雖然是你的損失——卻保障了病人的權益。病人需要一個安全的空間，而這個高度私密、純粹個人的房間讓他們能安心地說話。

艾瑞克森休息了一下，然後回到房間。他接著談到一個個案，他告訴一個裹足不前的女病人去「溜冰或者離開冰面」。當她履行

承諾去做一個星期的志工後，她才會有下次看診的機會。

艾：如果她做了一週的工作，她才有再找我看診的機會。

薩：但是她必須要做一週的工作，那就是溜冰的意思。

艾：那必須是一整個星期努力的工作，而不只是有意願去做某事。

薩：那一直是個問題——意願。「我會試，我會試」，但什麼也沒發生。

艾：她不只是被要求去試試看。（笑）

她之前看的治療師，一直很有耐心地告訴她：「妳真的應該要去試。」一週復一週。好，她現在收到最後通牒。她付給我的是辛苦錢，我不打算當一個浪費時間的人。

薩：那是一次催眠治療嗎？你有用正式的催眠方法嗎？

艾：你不要給病人機會來告訴你：「你給我的催眠暗示沒有效。」（**艾瑞克森笑**）那樣的話，給了他們指責我的機會。我給他們暗示，而他們自己必須負起責任。

薩：所以你給的建議和暗示都在他們的意識知覺之外。

艾：（**彷彿在跟那個病人說話**）妳不要單靠著暫時的贍養費，浪費妳未來幾年的時間。妳一直承諾自己會準備去找個工作，但妳甚至還沒有離開這間房子去參觀動物園、賀德博物館（Heard Museum）、藝廊，或是植物園。妳什麼都沒做，除了說：「我真的應該要去做一些事情。」

薩：直接告訴她，讓她無法辯駁，她必須去面對現實。

艾：只是冰冷卻溫和的字眼，赤裸裸地評估事實。（**艾瑞克森**

笑）我告訴她，她必須去溜冰或是離開冰面，她說：「我之前的治療師告訴過我至少五十次了。」我說：「那好，我用另外一個說法告訴你：妳拉屎不然就離開茅坑。我只說一次。」（**艾瑞克森笑**）

薩：不像其他的五十次。好，我有一個問題。你不像其他治療師堅持只在固定的約診時間看病人。到這裡來的人，有的早到了十分鐘、五分鐘，甚至是半個小時，而你立刻就見他們。

艾：如果我有空的話，為什麼要讓他們等呢？

薩：不要成為一個具威脅的人物似乎是很重要的議題。

艾：他們是來找我幫忙的。如果我當時手邊沒有事情，那就立刻開始，很自由。有太多的治療師早在三個月以前就預約病人，他們每次看診五十分鐘，然後休息十分鐘，那是種儀式性、不可打破的模式，這並不是在做心理治療。心理治療是教導人如何去生活，而不是如何去遵守一個僵化、嚴苛的時間表。

我的病人了解，如果在他們約診那天，我剛好有事情去某個地方，那他們的診期一定會改到當週另一天。我們不會被綁死；我能隨心所欲的過日子，他們也可以。彼此之間應該要有合理的體諒。

我應該要有做決定的自由。無論我願意教你什麼，你應該要有接受的自由。

薩：或拒絕它。

艾：你不會學到超過我所願意教的東西。

薩：許多的餘裕和許多的堅持。

艾：沒錯，讓別人了解你的堅持。有一些年輕女人說：「我很想要親你。」你告訴她：「那是妳想要的；我的定力還不足以抗拒你，但我不必參與。」

薩：這樣的情況在你身上發生過嗎？

艾：喔，有。

薩：當你說完這些話之後，對方有什麼反應？

艾：反應是對你更加尊敬。我記得一個令人吃驚的情況，有一天一個女人匆忙地從街上走來，艾瑞克森太太不認識她。她雙手抱著我、親我、再親我、繼續親我，艾瑞克森太太不明白這是怎麼一回事。最後，這個女人放開我，對我說：「我很高興你讓我做了那個承諾，非常謝謝你。」我說：「我也很高興妳做了那個承諾。我聽到廣播。我也知道發生了什麼事。」

（**對薩德說**）我要她承諾和丈夫離婚，並拒絕和他搭同一輛車、或讓她女兒和他搭同一輛車。我在她丈夫面前讓她承諾這些。她離了婚，他離開，買了一輛新車，他對他太太說：「我剛買了這輛新車──和我在這附近兜兜風如何？」她打算要上車，但最後沒有，她記得她的承諾，她沒有上車，也不讓她的女兒上車，他說：「好吧，那我去我女朋友那裡看看。」他很快樂地去找他女朋友，然後他酒醉了，開始開快車。那個女朋友在車禍中喪生，他從頸部以下全身癱瘓。我對他的判斷正確。當這則消息播送時，他前妻正好在車上聽著廣播。

薩：然後直接來這裡。

艾：她來是因為她意識到自己離死亡有多近。她並沒有給我任何時間，讓我向艾瑞克森太太解釋事情的來龍去脈。

這個陌生女子以跑百米的速度衝到屋內，上演剛才說的那一幕。當消息播送的時候，她離我的房子只有一條街，所以她沒花多久時間就到了。我聽到廣播的時候，覺得很慶幸我警告了他的前妻

不要搭他開的車。我在她丈夫面前要她承諾，我一直很開誠布公，他們都聽到我說的話，我說的時候不帶一絲情緒，就像在陳述一個事實。

我非常樂意告訴他和他的太太：「你的太太讓你繼續在外面有女人——那是她的權力。我不認為這對她好，我也不認為這對你好，你可能很喜歡這樣，但我懷疑你太太會喜歡。我不知道如何用這樣的做法來維繫一段婚姻，我想這樣的婚姻很可能要走上離婚一途。」他並沒有採納我的建議。我表達我的看法，我的話語裡面並沒有會讓他們和我對立的憤怒、憎恨或敵意，他們必須靜靜地聽我說。

薩：你對所見的人都懷抱著極大的尊敬和關懷。

艾：是的。

薩：在許多不同的層次上。

艾：是的，這是一種更簡單、也更自在的生活方式。我有一個女兒國中二年級的時候，有一個星期天，她雙手髒兮兮地來到餐桌上。那天晚餐的菜有她最喜歡吃的雞肉，我開始在分菜。

我告訴她：「當有人來到餐桌前吃晚餐，他必須雙手乾淨的來。」她看著自己的手，它們很髒。所以她跳起來，衝到廚房，在廚房的水龍頭下洗手，然後邊甩乾她的手邊走出來，她坐下來，用期待的眼神看著雞肉。

我說：「髒盤子才會在廚房洗；髒手要在浴室洗。」她衝進浴室，洗她的手，邊甩乾她的手邊走出來，她坐下來，看著雞肉。我說：「還是很抱歉，當一個人洗完他的手，他要用毛巾把手擦乾！」

所以她跑到浴室，洗她的手，走出來，很仔細地擦乾手，再回到浴室，掛好毛巾，出來，然後坐下，看著我，她的眼神好像在說「我已經做了你說的所有事了」。

　　我說：「當一個人洗了他的手，會注意到手腕是不是髒的，手臂是不是髒的。如果它們是髒的，也要洗乾淨。」她真的徹底梳洗了一番。（艾瑞克森笑）她坐下，我說：「現在已經要上第二輪菜了，因為第一輪我沒有幫妳分，我不知道該怎麼幫妳分第二輪。那麼，妳現在可以去冰箱，自由地拿出任何媽媽沒有準備今晚要吃的東西。」所以她拿出一瓶牛奶，然後從麵包籃拿出麵包，吃麵包配牛奶。沒有理由會挨餓。吃剩菜，不行。紅蘿蔔、萵苣和芹菜，可以。媽媽沒有準備那些當晚餐。

　　薩：所以你用明確的方式表達你不允許那樣的混亂。

　　艾：讓孩子承擔自己行為的後果。她不應該雙手髒兮兮地來到餐桌，（**艾瑞克森笑**）她和我一樣清楚這是不行的，我只是做了一般性的陳述，但她知道那些是說給誰聽的。

　　薩：我了解。

　　艾：有一次我的一個兒子叛逆地說：「我不要吃那種東西。」我說：「你當然不要，你的年紀還不到，你還不夠大，你還不夠壯。」他媽媽很保護地說：「他已經太大了，他已經太壯了。」（**艾瑞克森笑**）

　　他媽媽因為這事跟我爭吵，我很難說服她，我兒子希望他媽媽會贏。現在他把同樣的伎倆用在他的孩子身上。（笑）你為什麼不應該那樣做？

　　薩：訂好規則，但選擇權在他們身上。

艾：那是他們的選擇。我聽過我的孩子說：「喔，我忘了做一件事。」兄弟姊妹們會回答說：「那是你的本分，你不能忘了。不知道爸爸會怎麼想。」（**艾瑞克森笑**）他或她會說：「我想我最好現在趕快把它做好。」（**艾瑞克森笑**）

薩：像是忘了做家事。

艾：因為爸爸所想的往往讓人無法捉摸。

薩：那會更慘。

艾：總是這樣的。（笑）

▌心理治療中的幽默

我其中一個女兒打算在耶誕節把她的男朋友介紹給我們認識。他有六呎四吋。他在耶誕節前夕第一次到芝加哥以西的地方。雖然他有經過土桑市，但他太害羞不敢打電話給我們。所以我告訴我的女兒說：「當妳帶那個『膽小鬼』來這裡過耶誕時，我會用開山刀問候他，然後問他到底打算對我女兒怎樣。」（笑）她說：「不要這樣啦，那太恐怖了。」我說：「好，我會想一些更勁爆的。」（笑）

我最小的兒子找了很多朋友到家裡來，準備宣布他的訂婚消息。他有異於常人的幽默感，非常出人意表，很難去理解，但你最後還是會抓到他的賣點。他說了一個毛茸茸小狗的故事：「我邀請你們來家裡，因為我有很重要的事情要告訴你們。有一天，我想那是去年三月的事——或許是五月——無論如何，當時我正在開車……」他繼續偏離正題，在他說了快半小時的時候，他決定回到主題，跟大家宣布訂婚的消息。我說：「現在如果我們有裸麥麵包的

話，我們就能把這個蹩腳演員（ham）配著吃了。」

戲謔的玩笑是伴隨著我們的一種生活方式。心理治療也該遵循同樣的規則。

當伯特（艾瑞克森最大的兒子）住在密西根的時候，我們住在亞歷桑那。（**這個例子也刊載於 Rosen, 1982a, p. 218**）他六月從海軍陸戰隊退伍，寫了一封信給我們：「我該停筆了。我要去看德洛思（Delores）。」一個星期之後，來了另一封信，寫著：「和德洛思共度愉快的晚餐。」就只寫這樣。另一封信寫道：「或許你們想看德洛思的一些照片。」

他繼續這樣寫信給我的父母。九月，我們收到一封情感真摯的信：「我在想，不知道祖父和祖母會不會喜歡德洛思？」十月，他說他有一個可以讓祖父和祖母見到德洛思的方法。十月底，他決定和祖父、祖母與德洛思一起過感恩節。

在感恩節的凌晨一點——密爾瓦基的天氣非常冷——他敲了我父母的門。伯特有這樣的才能，他能裝出鬥雞眼、內八字腿和一副手臂無力懸在空中的樣子，還有他臉上露出牙齒的變態傻笑，看到他那令人作嘔的變態傻笑，你會想要賞他一個耳光。我的父親出來開門，伯特進到屋內，我父親說：「德洛思呢？」伯特內八字站著、鬥雞眼、手臂懸垂，臉上還帶著露齒的病態傻笑，他說：「把德洛思帶上飛機的時候，我遇到了一些麻煩。」「麻煩，什麼意思？」「她沒有穿衣服。」「她在哪裡？」「她在外面。她沒有穿衣服。」我媽媽說：「我去拿一條浴巾。」

我父親（指揮若定地）說：「把那個女孩子帶進來。」伯特帶著一個大箱子進來，他（輕聲地）說：「這是我唯一能把她帶上飛

機的方式。她沒有穿衣服。」我父親命令道：「打開箱子。」伯特慢慢地開啟了箱子，德洛思在裡面——一隻鵝和一隻火雞，兩隻都叫德洛思，而祖父和祖母都很喜歡德洛思。（**艾瑞克森笑**）一個路途遙遠的玩笑。

薩：計畫周詳，鋪陳縝密。

艾：貝蒂・愛莉絲之前遍遊歐洲，還在底特律的學校教書。我之前到那裡演講過。她來聽演講，我們一起到飯店的餐廳吃晚餐，女服務生過來招呼。我女兒點餐，說她想看酒單，她詳細地看著酒單。我點了一杯代基里酒（daiquiri）；艾瑞克森太太也是，女服務生不確定地看著貝蒂・愛莉絲，她相當禮貌地說：「不好意思，可以讓我看一下妳的證件嗎？」貝蒂・愛莉絲用了六種不同的方法來證明她的年紀，終於女服務生說：「我想妳可以點酒，沒有問題。」貝蒂・愛莉絲說：「麻煩給我一杯臉紅牧師（Rosy Deacon）。」那女服務生看起來有一點疑惑，然後走到吧臺。她走回來時說：「酒保說沒有這種酒。」貝蒂・愛莉絲說：「給我一杯蒼白牧師（Pale Preacher）。」女服務生走回酒保那裡，又走回來說：「酒保說沒有這種酒。」貝蒂・愛莉絲說：「麻煩妳請經理過來。」飯店的經理來到我們這桌，貝蒂・愛莉絲說：「我點了一杯臉紅牧師，酒保告訴女服務生說他們沒有供應這種酒，所以我退而求其次，點一杯蒼白牧師。好，如果你不介意的話，先生，你不認為你們應該買一本調酒指南給你們的酒保看嗎？」他說：「我們有一本。」他走到吧臺，和酒保一起仔細地看了指南，經理回來時說：「臉紅牧師要怎麼調呢？」她告訴他：「蒼白牧師要怎麼調呢？」他們看著調酒指南，想再確認一遍。（**艾瑞克森笑**）一位女

服務生花了那麼久的時間，去決定一位已經二十二歲的女孩是不是滿二十一歲，是可以跟他們開一個無傷大雅的玩笑。

薩：嗯。

艾：那位經理讓酒保調了一杯臉紅牧師，他說：「我自己也要試喝看看。」他坐下，喝了一杯臉紅牧師，接著他點了一杯蒼白牧師。然後他告訴貝蒂・愛莉絲：「我要把這兩種酒加到我們的酒單裡面。」然後他笑了。

我到紐奧良的一家生蠔餐廳，我告訴服務生：「給我一打生蠔，當我在吃的時候，你再幫我準備第二打。」他說：「這些是密西西比的生蠔，它們相當大。」我說：「我知道。直接幫我準備第二打。」我吃了第一打，他幫我送上第二打。我說：「當我在吃這些的時候，幫我準備第三打。」他說：「先生，你是不是失去理智了？」我說：「我有理智。我只是不想沒有生蠔。」在服務生反對的情況下，我點了五打生蠔，吃了六十個生蠔。他不敢置信地看著我說：「六十個密西西比生蠔。」我說：「沒錯，而且是六十歲生日。」（**艾瑞克森笑**）為什麼我不能在六十歲生日的時候吃六十個生蠔？

薩：你明天要吃幾個？

艾：我太太打算另外買兩個蛋糕，我們原本準備了兩個蛋糕。

薩：你明天是幾歲的生日？

艾：七十二歲。

薩：生日快樂。

艾：我到東岸一家飯店的餐廳用餐，他們給我一份法文的菜單，我抗議我不懂法文，服務生用他很濃的腔調說他會幫我說明。

我指著一項餐點問：「這是什麼？」他跟我解釋那是什麼，但我很難聽懂他的話。我又指了另一項，沒讓他知道其實我知道那是什麼。最後，我說：「給我一杯碎冰。」他很困惑的看著我，但還是拿過來給我。我說：「現在給我一瓶法式沙拉醬。」他更加困惑，我倒了一些法式調味醬在碎冰上，說：「好，把這些丟到垃圾桶裡，麻煩你了。」他說（不帶一絲腔調）：「好的，先生。」（**艾瑞克森笑**）他知道我看出他的腔調是裝出來的。何必要浪費唇舌和服務生爭吵，他想要捉弄你，為什麼不趁此機會好好享受一番。

幾年之後，在奧勒岡波特蘭一家飯店的餐廳，一名服務生前來招呼我：「艾瑞克森醫師，你好嗎？」我說：「喔，我不認識你，但很明顯地，你認識我。」他說：「在你用餐結束之前，你會知道我是誰。」（**對薩德說**）我不擅於記住人家的臉。（**繼續說**）他送上我的帳單，我付了帳，他找回零錢給我，我讓他留著當小費，他用很重的法國腔謝謝我，（**艾瑞克森笑**）然後我就知道他是誰了！

而跟病人相處，你也用類似的方法去處理他們的問題。

那個女人告訴我，她對一直過著非常壓抑的生活感到相當厭煩與疲累。她的母親一生都活在丈夫敵意的陰影底下，過著完全封閉壓抑的生活。她和她的姊妹複製了母親的模式，都過著封閉壓抑的生活。她希望自己能走出陰霾，不再封閉。我告訴她要嘛溜冰，不然就離開冰面，其他的心理治療師也這麼跟她說了無數次。「好吧，我再對妳說一次：離開茅坑，不然就拉屎。」（**艾瑞克森笑**）

我給她強力的一擊，這方法比再去告訴她封閉壓抑的由來還要好的多。而現在每當她想起過去的種種，她都會用這句殘酷的話來看待她的過去；她已經不會再輕鬆地說：「我很封閉。」她不得不

想到：「離開茅坑，不然……」（**艾瑞克森笑**）一旦一個封閉壓抑的人得到了這樣的註腳，從此他們就必須跟這句話奮戰到底。

病人會告訴你一些有趣的事情。有一個病人進來說：「我跟某某人吃飯，她也是你的病人，她真是讓我非常的尷尬，我幾乎要當場發飆；當我們在餐桌時，她跟我說她沒有奶子。」我說：「一個人會因為別人說沒有奶子而尷尬，（**艾瑞克森笑**）那有兩種可能。」

幾個星期以後，她人在一個鄉村俱樂部，發現自己處於尷尬的狀況，她說：「我沒有屁股。」（**艾瑞克森笑**）對她來說，那句不雅的「沒有奶子」是另一個女人說的。她現在只是說：「我沒有屁股。」

有一位在別州執業、曾是我學生的精神科醫師，他轉介一位已經治療了三年的病人給我。我記下她的名字、住址和電話號碼，問她有什麼問題，我對她有了大概的了解。

我說：「太太，妳是一個女人，我是一個男人。當我在看女人的時候，我有權力去看她身上某些凸出的部位。如果妳沒有那些凸出的部位，妳可以下樓買一些胸墊，妳可以買任何想要的尺寸：小號、中號，或是特大號的尺寸。下次妳走進我的辦公室的時候，我要看到妳穿著胸墊。」她穿著一件很緊的上衣。她沒有胸部。

下次看診的時候，她戴著一件中號尺寸的胸墊。我們談了很多不同的事情，談了她的寡婦生活。她的婚姻很快樂，丈夫過世後留給她夠用的遺產。一個月之後，我見到她的精神科醫師，他說：「你究竟對那女人做了什麼事？她幾乎一到鳳凰城就跑回家。她滿面春風，狀況好極了，她不告訴我你對她做了什麼。」在你面前的

是一位五十歲的女人，她這一輩子都想要有豐滿的胸部，而我告訴她：「那就去做吧。」（**艾瑞克森笑**）她只需要這樣的治療。

薩：你看出了任何端倪嗎？

艾：她僵硬、緊繃的舉止，她的上衣包得太緊。所以為什麼不直搗黃龍地說：「我是一個男人，妳是一個女人。身為一個男人我有權力……」那是我的權力！我並沒有提到她是否有資格或應該去做的問題，我讓它看起來純粹是我的權力的問題。她滿足了我的權力，在沒有爭辯、沒有討論的過程當中，她也照顧到她的權力。

薩：用一種不尋常的方式。

艾：而且是我的方式。之前她已經有過三年的治療。我把它說成是我的權力，你要怎麼去爭辯，說它有問題？這是不容置疑的；因為它是不容置疑的，她不能去反抗它，所以她毫無選擇地對她自己做出了正確的事。人們真的想要靠自己去做正確的事，他們不願意讓他人越俎代庖。（**艾瑞克森笑**）我可以花幾年的時間像個傻瓜一樣地說話，要她穿上胸墊，而她會和我爭辯。我說那是我的權力，我的權力不是去知道那到底是不是胸墊，我只是有權力去看到一些凸出部位。（**艾瑞克森笑**）

薩：用一種讓她陷住而無法動彈的方式陳述，但終究讓她做出對自己有利的事情。

艾：除了對她有利之外，它還是偽裝在我的權力之下。

薩：嗯。

艾：為什麼不用這種方式，來取代那些陳述優雅、卻一直無法進入問題核心的治療方式呢？

我想我最好進到屋內。（**會談結束**）

第三天
1973 年 12 月 5 日

　　如文中所註記，一些艾瑞克森在 1973 年 12 月 5 日所提到的案例曾在別處刊載過，因此，有一些案例在這裡有所精簡。然而，一些有進一步解釋的例子，以及對於研究艾瑞克森歷程有助益的例子，在這裡仍全文呈現。艾瑞克森太太把艾瑞克森醫生推進房間來。艾瑞克森一開始就提到約翰的治療（見第一章第 42 頁），那天約翰寫了一封信給艾瑞克森，描述他對艾瑞克森及其個人治療的感覺。

　　艾：好，我在他的生命裡，一直是像神一樣的人物。他現在已經把我看成凡人了。我在他眼中像個神的情況一直困擾著我，我一直試圖在不直接告訴他的情況下，讓他了解我是凡人，現在我想我已經讓他有了這個想法。我想屋裡的女主人（艾瑞克森太太）會是我的繼承人。

　　艾瑞克森太太：艾瑞克森醫生大概在兩年前突然生了一場病，復原的相當快，但我想過當時如果他有什麼不測，可憐的約翰可能就要被送到精神病院。我想那封信讓我知道，他已經了解到自己可能會活得比艾瑞克森醫生久。（**在艾瑞克森醫生死後**）約翰會照樣過來家裡，我希望事情能夠如我所願。

　　艾：當妳死的時候，我在想蘿西不知道會不會在這附近……

　　艾瑞克森太太：喔，我想他們兩個都會接受成為接替者，雖然我不希望他覺得自己有義務每天到這裡來報到。

好吧，我最好進去了。（**艾瑞克森太太離開**）

薩：你曾故意犯錯，或做任何事讓他覺得你是凡人嗎？

艾：我沒有犯什麼錯。我以巴尼的名義寫了一封信給一位波多黎各朋友的狗——巫巫鬆餅；我寫了幾封信給鬆餅、費特司和我兒子的狗珍妮；我以巴尼的名義寫了一系列超過四十首的五行打油詩。你知道我們之前有一隻和我們生活了十三年的短腿獵犬，如今牠葬在上面那邊的墓地，牠現在還會寫信給「人類媽媽，艾瑞克森太太」。

薩：我不懂。

艾：牠現在就葬在上面那邊的墓地——牠是死去的羅傑，而牠現在還寫信，信裡署名為「鬼魂羅傑」。

薩：誰替牠代筆？

艾：我。（**艾瑞克森和薩德笑**）

艾：我所有的孩子都聽白色肚子的故事長大，「很久很久以前，有一隻小青蛙，牠有綠色的背和白色的肚子；因為牠有綠色的背和白色的肚子，因此被叫做白色肚子。」我的每個孩子都很有自己的個性，他們每個人都要求不同類型的白色肚子冒險故事，所以我編故事來滿足這些小孩的需求。

我那藍眼珠的女兒，當她的孩子長到要求她說故事的階段，她說：「我不會編故事，你幫我編好了。」所以我一直在寫白色肚子的故事，讓我的祕書打成許多份，把它們寄給我所有的孫子們。例如，白色肚子坐上時光機回到過去，牠發現有兩個小男孩正在藍莓田裡吵架——伯特和藍斯（艾瑞克森最大的兩個兒子）。我的孩子在小時候犯的錯誤，都寫在白色肚子的故事裡。

現在鬼魂羅傑也開始寫家族歷史。我的兒子羅伯從很小的時候就對鎖具著迷。他在他家裡放了一個防盜器，因為在鳳凰城小偷很多。有一天下午，防盜器響了，驚動了附近的居民，一個女人打電話通知我們，而貝蒂打電話報警，跟他們約在羅伯家見面。在那裡卻沒見到小偷的人影，警鈴持續在響；警察搜索了整間屋子，並沒有丟任何東西。然而，最後發現是羅伯的疏忽，他的門鎖被人用信用卡打開。

現在鬼魂羅傑正在寫的故事，是有關上面那邊新來的鬼魂鴿子和高貴多情的小雄馬，而鬼魂鴿子跟沙漠巷 1270 號（**假住址**）吵鬧的警鈴聲有關，牠描述人類羅伯的蠢行，他竟然裝一個任何小孩子都打得開的信用卡門鎖。用幽默風趣的筆觸為孩子記錄下這些事情──他們非常喜歡這些故事。所以你看，你很幽默地報告所有這些事情，其他人會很喜歡讀他們。

而在最近的信裡，鬼魂羅傑說牠遇到一些死去的狗，很久之前，當那些狗還是人類的狗時，牠們住在內華達州席雅拉（Sierra）的一個礦區裡。這些狗提到礦區裡有一個男孩出生時，家人慶祝的情形。我就是那個男孩。

我的孫子知道我生平第一次被打屁股的情形。我還在地上爬，媽媽帶我到山谷下的人類卡麥蓉・卡賓（Cameron Cabin）她家，我看到人類卡麥蓉太太把一些東西丟進一個洞裡，那個情況非常眩目明亮，讓我深深著迷，所以我爬到火爐的紙堆旁，卡麥蓉太太開始打我屁股。我爬到我媽媽坐的椅子下面，她非常生氣。我仍然記得那個體型高大的女人從椅子上站起來，而那團明亮舞動的東西叫火。

薩：你的記憶力太好了。

艾：我念大學時正讀到記憶，我想到一件以前的事，就把它記下來。我分別向我媽媽和我爸爸查證——他們有些記憶與實情不符；他們說我當時站著，被抱到嬰兒床，但我當時並沒有嬰兒床，我應該是躺著。他們給我看一棵耶誕樹，其中還有兩樣看起來很像的東西，但我真的不知道那是什麼。牠們是貓。和有一個臉上有很多毛的男人。那是什麼樣的耶誕節？我爸爸和媽媽終於想到是怎麼一回事。我爸爸受不了小嬰兒一醒來就抓著他的鬍子亂扯一通，在 1904 年的二月，他剃掉他的鬍鬚，而耶誕節是 1903 年。我父母花了很久的時間才想到他們什麼時候駕著馬車，帶著一些貓到卡麥蓉‧卡賓家。我發瘋似地哭鬧，他們搞不清楚我怎麼了，而我也不清楚他們為什麼這麼笨。我想要坐在那一袋貓旁邊，我那個時候兩歲。當然，在我三歲的時候，我們搬到威斯康辛。

鄰居們都覺得我很可憐。我有一個比我小兩歲的妹妹，她一歲就會說話。鄰居們很同情我媽媽，因為我是「智障」，我一直到四歲的時候才開始學說話。我媽媽回答鄰居們說：「這個男孩子太忙了。」現在鬼魂羅傑正把這一切寫下來。

我爸爸在內華達經營一個礦區的時候，我想我媽媽當時是二十八歲，我的父親是礦區的工頭，他把我媽媽找來，我媽媽帶著我大姊到內華達。媽媽在外婆這樣的信念下被扶養長大：「絕對不要離開家超過十哩，因為要是妳這樣做，妳就會死掉。」我的外婆會這樣說，是根據她自己的知識。我媽媽一路來到了內華達。

她抵達後，她被派去負責管理礦工的員工宿舍。一支二十頭驢的貨運隊每六個月才來補給一次，那麼，你要買多少鹽、多少麵包

蘇打、多少胡椒、多少麵粉、多少鹹豬肉——你要買多少東西來經營一個容納二、三十人的員工宿舍。我媽媽在二十八歲的時候必須要會處理這些事。所以我寫下人類克拉蕊（Earth Clara）和人類亞伯特（Earth Albert）的故事，我寫這一類的故事。

倚賴潛意識的智慧

薩：（**看著艾瑞克森書桌後檔案櫃上方的一張照片**）他們是你的父母嗎？

艾：嗯，那是他們結婚六十五週年的紀念照。

一位從南美來的精神科教授找我做心理治療。（這個案例記載於 Rosen, 1982a, p.66，以及 Erickson & Rossi, 1977, p. 43）我之前就知道這個人，也知道他的名氣。他比我聰明許多——教育背景比我好，書讀得比我多，堪稱是世界上最自大的人——他以自己的卡斯提爾人血統（Castilian blood）而傲，既自大又驕傲。他要做心理治療，他說服一個基金會贊助他接受我的治療。我想自己究竟要怎麼處理這個個案——自大、驕傲、比我更聰明、教育背景比我好、書讀得比我多。你會怎麼做？

薩：我不知道。

艾：我知道我要發明一些方法，我把這個問題留給我的潛意識，我知道我的潛意識比我更有智慧。所以他來看診，先自我介紹，我記下他的名字、年紀——所有的基本資料，然後我說：「讓我們談談你的問題。」我們的面談在兩點鐘開始，第一次的面談持續了兩個小時，我詢問他的問題；我抬頭看了一下鐘，它指著四點鐘，他那時才離開。我打開我的檔案夾，看到自己在裡面做了很多

註記，我進入了催眠狀態。十四次看診之後，他跳起來說：「艾瑞克森醫生，你失神了。」他的話把我吵醒了。

薩：（笑）

艾：我說：「是的，我是失神了。我知道你比我聰明、看的書比我多、教育背景比我好，而且知道你有多自大。我利用我的潛意識來替你做治療，因為沒有人比我的潛意識更有智慧。」他並不滿意我的說法。自此之後，我在清醒狀態下繼續和他面談。

有一天他看著我父母的照片說：「那是你的父母嗎？」我說：「是。」他說：「你父親的職業是什麼？」「他是一個農夫，已經退休了。」他鄙視地說：「喔，野蠻人。」我說：「沒錯──野蠻人。而就我所知，你身上流的血很可能就是來自我的祖先維京人所生的雜種。」

薩：（笑）

艾：他知道他的歷史，他知道所有關於維京人的歷史──強盜、劫掠、搶奪所有的歐洲海岸──英格蘭、蘇格蘭、威爾斯、愛爾蘭和地中海。他從此沒有再諷刺我。

薩：嗯。

艾：我維京祖先的雜種。（笑）他知道，我知道。

一個人應該學習在任何情況下都依靠自己的潛意識行事。大部分的人都依靠自己的意識，他有的只是抓住意識上一閃而過的念頭。當你依靠自己的潛意識時，你會有許多精采豐富的學習。

薩：我不是很了解要怎麼做，或你所說的真正意思。

艾：嗯，「你的父母是野蠻人」是一句侮辱的話。

薩：而你是用意識來回應。

艾：我的潛意識根據我過去讀的東西，冒出來一個回答。

我給你另外一個例子，當我人在密西根的時候，L博士來到底特律，他接了一份和法官共事的工作。

他做的第一件事，就是去韋恩州立大學的心理系，表示他同時擁有博士學位和醫學學位。那位系主任已經在位很久了，他說他們真的應該讓他退休，讓L博士來當系主任。

然後他去醫學院跟院長說自己同時擁有博士學位和醫學學位，還有精神科的臨床經驗。院長應該要把我（**艾瑞克森**）從師資名單中換下來，他會很樂意接我的位置。

他跑到底特律許多精神科醫師的辦公室，對在等候室的病人抱怨，認為他們應該看一位好的精神科醫師（**也就是他自己**）。

當他第一次到自己的辦公室時，他打量著那個將擔任他祕書的女人，然後說：「X小姐，妳長得很普通；妳已經三十多歲了，還沒結婚；妳看起來比實際老；妳有鬥雞眼，有一點過重，但我不介意讓妳當我的情婦一陣子。」這就是L博士的為人。她相當憤怒，辭去了工作。

接著第二次世界大戰爆發，他打了一封長達十七頁的信到軍隊去，解釋為什麼他們應該任命他為將軍，讓他來照顧其他將軍的精神健康。軍隊回信：「在當前的狀況下，我們借重不到你這種才能的人。」（**艾瑞克森笑**）

當然，L博士在他的辦公室並不受歡迎。有一個人暗地裡拿了L博士原始信件的副本和軍隊的回覆，送到一家赫斯特報社（Hearst Newspaper），L博士先前已經與這家報社交惡。報紙的標題寫著：「軍隊說L博士沒有用。」

現在他的祕書已經變成我的祕書，當報紙的消息在街上流傳時，我的祕書讀到了這則頭條，她說：「讓我們拜訪瘦小的 L 博士（**他很胖**），貓哭耗子假慈悲一下。」我說：「如果妳想的話，可以自己打電話給他。因為當我出手的時候，那一定要是致命的一擊。我不知道何時及如何去做，但我會讓我的潛意識去處理這件事。當瘦小的 L 博士被擊倒時，他才會真的了解到剛挨了一棍。」

好，這大概是在七月底或八月初，我不確定是哪個時間。十一月的時候我去參加一個醫學會議。會議開始前，我和很多醫生在休息室喝著潘趣酒（punch）及聊天，瘦小的 L 博士走進來，然後說：「嗨，米爾——你知道些什麼呢？」我回答說：「我只知道我在報紙上讀到的東西」——威爾·羅傑斯（Will Rogers）的名言。

薩：嗯。

艾：你再也想不出比這更好的回答。你可以聽到玻璃杯掉到桌上，其他的醫生衝去打電話；赫斯特報社刊出一則報導：「艾瑞克森告訴 L 博士他只知道他在報上讀到的東西。」然後 L 博士搬到佛羅里達。

我的理智想不出任何這麼尖銳的話，而且是他自己先起了頭。我的潛意識當時正在運作，它已經蓄勢待發。在我的潛意識裡有很多連我自己都不知道的事情，這就是潛意識運作的方式。我突然記起威爾·羅傑斯的名言，而那真的在密西根深深地刺傷了 L 博士。

好，關於教育約翰我是凡人這件事，我一直都採取潛移默化的方式。我到處釋放一點訊息：我把艾瑞克森太太取名為「屋裡的女

主人」，我是「老傢伙」，而巴尼寫信說他和老傢伙之間的戰爭。波多黎各的巫巫鬆餅寫關於老傢伙的信給巴尼，費特司和珍妮也寫了關於老傢伙的事。

（**艾瑞克森聲調變柔和**）那麼，了解到你有潛意識的心靈，你就不用擔心任何事情。倚靠你的潛意識去提供正確的答案——在正確的時刻，做出正確的行動。

以催眠輔助射擊訓練

我在陸軍步槍隊教射擊。（**這個案例的精簡版刊載於 207 Rosen, 1982a, p. 107**）我沒有太多的個人經驗，只有小時候在田裡用過兩次來福槍。步槍隊的射擊教練讀過我的報導，有一次旅行的時候，他在鳳凰城停留。他把我介紹給步槍隊，想要知道我是否可以用催眠來幫助射擊，因為在射擊比賽當中，緊張是一個問題。你要射擊四十回，第一次你命中紅心，然後你會想：「我第三次還會射中嗎？那第四次、第五次、第六次、第七次呢？」當你累積到三十次的時候，你的緊張程度已經到了極限。他帶著這個問題來找我。

我說：「可以，我能訓練這支隊伍。」我找來一位催眠受試者，做了一次示範；步槍隊認為我知道自己在做什麼。我去了喬治亞的福特貝寧（Ford Benning），但部隊不確定我知道自己在做什麼。他們丟了兩個已經受訓兩年的部槍隊員給我，如果滿分是一百分的話，他們只能得四十分，最低及格分數是六十分，所以他們丟了兩個四十分的人來讓我訓練。

我訓練這支隊伍，他們去參加莫斯科的世界射擊比賽，第一

次打敗蘇聯人。而那兩個部隊丟來的「失敗者」也在參賽的行列當中。因為我教他們的是：「首先，讓你的腳底覺得很舒服、你的腳踝覺得很舒服、你的膝蓋覺得很舒服、你的大腿覺得很舒服，再來是你的臀部、軀幹、手臂和肩膀。然後你的手臂很舒服地夾住槍托；然後讓槍托很舒服地放在你的肩上。然後享受你的臉頰抵住槍托的感覺，再來你可以把槍管很舒服地上下來回瞄準目標。當一切都覺得非常舒服的時候，你輕輕地扣下板機。」這就是我訓練他們的方式，我讓他們有自我調整的空間。

其中有一位最後成為全國來福射擊冠軍，他按著自己的狀況作了一點調整，他最後做的一個動作是讓牙齒也覺得舒服，當他覺得牙齒的狀況很好的時候，他才會扣下板機。（**艾瑞克森笑**）他的綽號叫布林齊（Blinky，瞇瞇眼）。

布林齊在幾個月前退伍，他離開部隊之後，參加過全國來福射擊錦標賽。當他還在服役的時候，他跟我談過他的未來，我跟他提到射擊是一種有年齡限制的運動，他真的應該發展一個可以持續五十年的事業。溫徹斯特來福槍公司請他去促銷他們公司的產品，我說：「這個工作沒有前途。你還可以找到其他可以奪標的事業。」我認為他應該去找一個對他意義重大的職業。他現在是一個獸醫，之前他順道來拜訪我，當時剛好在鳳凰城參加一個獸醫會議。

他一直待在市議會；他在自己的家鄉當市長、市議員——我不知道他全部的頭銜；他是當地最受歡迎的人，他具有那樣的人格特質。他來拜訪，追憶那段在部隊的日子——冠軍的日子，和他在獸醫界的經歷。他變成當初我期待的樣子。

有另一個步槍隊的成員可能會成為美國臨床催眠學會的幹部。

當你知道你有下意識的幫助，就放心地倚靠它。有一個當律師的病人來找我，他說：「明天早上，我必須到土桑市參加律師的資格考，我已經落榜五次了。我從威斯康辛來，我不喜歡住在那裡；我太太也不喜歡。我們打算搬到亞歷桑那，重新建立我們的家庭。」他說：「那麼，你能催眠我，讓我通過律師資格考嗎？」

（**電話響起，艾瑞克森接起來，是一通長途電話。**）（**對電話裡的人說**）我從 1965 年就開始坐輪椅了。我沒有太多的力氣，你的男孩需要用很多力氣幫助，而我的體力沒有辦法負荷。（**艾瑞克森掛上電話**）

（**對薩德說**）剛剛那通電話是一名男子從紐約打來，他有一個十六歲的兒子。從十二歲開始就吸毒和酗酒。母親沒有這個孩子的扶養權，父母已經為了這個問題吵了好幾年，這位父親最近剛跟母親離婚。那個孩子是個悲劇，他對人生沒有希望。現在這位父親試圖要幫助他的孩子，他已經帶兒子看了很多精神科醫師——佛洛伊德學派、榮格學派、萊克學派（Reichian），試圖矯正這個孩子的問題。

我不喜歡理論框架，理論框架——它們產生了什麼結果？有比這還荒謬的事嗎？一個歐洲人，在歐洲長大，在歐洲受教育，來到美國，試著想了解美國的歷史。

我想到自己在麻州烏斯特的經驗，一個之前在馮德（Wundt）實驗室工作的俄裔德國專業心理學家來到烏斯特，想要認識美國的心理學。我覺得他很有趣，他的研究工作做得很好。有一天晚上他建議我們開車去舊金山吃晚餐，當天晚上從麻州的烏斯特到舊金山

吃晚餐。（**艾瑞克森笑**）不知道他對美國的概念到底是什麼？（**有敲門聲，一位病人進來。我們之後繼續會談。**）

　　艾：我剛剛講到哪裡？

　　薩：你開始談到善用潛意識。你正說到一位律師的故事，他需要到土桑市參加律師資格考。

▎善用潛意識

　　因為這個例子在我另一本書記載過（Zeig, 1980a, p. 58），在這裡我只簡述摘要。艾瑞克森的做法簡單明快，他告訴這位律師在開車到土桑市的路上，享受沿途的風景，要他「感到幸福，因為這樣的風景就是他未來要生活的地方」；在回程的時候，他要從反方向再去享受沿途的風景。

　　在考試的時候，他讀到的問題，沒有一題是有頭緒的。然後他會再讀一次第一題，然後「有一點線索」會從筆端流洩，在那一點線索用完的時候，他會繼續寫下一題。

　　艾瑞克森並沒有馬上得知他的治療是否有效。然而，一年之後，一名女士在預產期前不久來找他做催眠生產，那是律師的太太。艾瑞克森對那位女人的催眠治療是去暗示她：她的下半身屬於婦產科醫師，上半身屬於自己。在分娩和生產的時候，她會去想孩子的性別、名字、護士會覺得孩子長得像誰⋯⋯等等。

　　幾年之後，在第三個孩子出生後，這個律師回來找艾瑞克森，艾瑞克森成功地治療了他背痛的問題。

　　然後艾瑞克森繼續說：

艾：好，潛意識比你知道的還要睿智許多。（**艾瑞克森改變他的語調**）你在大熱天很口渴的時候，喝了一杯飲料，而你知道那是一杯解渴的飲料，在水分到達血液裡之前，你早已經知道；你在寒冷的冬天感到口渴，你喝一杯飲料，在水分被吸收之前，你早就知道那是杯解渴的飲料。你不會去算你喝了幾口，但在夏天喝飲料和在冬天喝飲料，喝了幾口的次數確實會有很大的不同。

當我第一次來到亞歷桑那，我要艾瑞克森太太不要在食物裡加鹽。你在酷熱沙漠裡對鹽的需求，會比在密西根要來得多。我們讓孩子們自己在食物裡加鹽，我做了一個標示，上面寫著他們搖鹽罐的次數——在夏天要搖幾次，在冬天要搖幾次。那麼小孩子怎麼知道要如何滿足他們對鹽的需求？如果沒有足夠的鹽在食物上，嚐起來不會好吃。

人們從明尼蘇達、密西根、威斯康辛和東邊其他的地方來到亞歷桑那，大人可能會受不了酷熱，因為他們繼續延續他們在東部時用鹽的習慣。在沙漠區你必須要增加鹽的攝取量，我知道這點。我必須告訴我很多的病人：「在你的食物上多加一點的鹽。」

潛意識知道要用多少鹽、要喝多少口飲料，而意識一點也不知道這些事。

薩：在夏天會多喝幾口。

艾：需要更多的水分。你知道，在華氏 110 度，你大量地流汗，由於溼度只有 11%、10%、8% 或 13% 的緣故，汗水立刻就蒸發掉。如果你靠在汽車椅墊上，馬上會汗流浹背；但當你坐直後，不到一分鐘的時間，你的襯衫就完全乾了。那意味著你最好喝大量的水，在補充大量的水分後，你的身體不可能不流失鈉，所以你只

能增加鹽的攝取量。

當你靜靜地坐著，然後握緊你的拳頭，你的呼吸會如何改變。你的呼吸確實會改變。至於你的血壓呢？所謂的測謊器就是告訴你：當某人正在跟你說話的時候，你的血壓和呼吸如何改變。你的潛意識從經驗值裡學到這些知識。

當你坐在一輛門窗緊閉的汽車裡，一路開在高速公路上，一隻蜜蜂迎面撞上擋風玻璃。你的意識可能知道它不會打到你的臉，但你還是會眨眼，猛然退後，你不能控制你的反應。你的潛意識說：當你清楚地看著一個物體直直向你衝來，你要躲開。

薩：嗯。

艾：而你的潛意識用許多方式去反射身體的需求。如果你讓你的身體回應，你就能善用你的潛意識。

不說「請」的囚犯

好，我昨天收到一名離婚婦女的來信，她打算嫁給一名出獄的囚犯，他是我治療成功的病人之一。目前的問題在她的孩子身上，他們不能理解為什麼這個男人不說「請」字。他出生在一個「請」字是陌生話的家庭；他大半輩子都待在監獄和少年感化院裡，在那裡你聽不到「請」，只聽到命令和斷然的要求，然後你就開始一個口令、一個動作地反應。所以他大半輩子都生活在不知道「請」字的地方。現在一聽到「把奶油傳給我」就只是「把奶油傳給我」，它沒有「請把奶油傳給我」的意思。「關上門！」他就是這樣對孩子說話，他們不懂為什麼他不能說聲

「請」。今天早上我和艾瑞克森太太談到這個問題，我必須見

見這些孩子，向他們做個解釋。

我有一個姊姊和一個妹妹，她們兩個讓我的童年不太好過。她們會拿走我的東西，逼我說：「請還給我，美女請還給我；美女，美女請還給我。」她們會逼我說：「美女，美女，美女，美女請還給我——請還給我，請還給我，請還給我。」我長大後很恨「請」這個字。我所有的孩子都在想：「為什麼爸爸不說『請』呢？」我通常會注意到在一些情況下，我應該要說「請」。另一方面，我是客氣的，但我實際上從來沒說過「請」，因為我被制約成去反對這個該死的字。但是，因為我的語氣很客氣，所以還不太會傷人。

這名前囚犯說話的語氣不太客氣，因為這是他唯一知道的說話方式。他要我給他一些建議，（**這個案例在 Zeig, 1980a, p. 216 有進一步的說明。**）我給他一些有幫助的建議，他說：「你真是砍到我的痛處了。」這不是你會跟人說話的方式。然後，在華氏 109 度的高溫下走了十二英哩路回家之後，他跑回來問我：「你之前跟我說的那件事是什麼意思？」（**艾瑞克森笑**）所以我再告訴他一次：「我會給你的幫助是——在我的後院有一個床墊和一張毯子，有一個棚子讓你不會淋到雨。你可以由後門進出；我們會給你冷掉的烤豆子吃。後院裡還有一個水龍頭可以提供你飲用水。你可以待在那裡，然後思考你是否要克服酒癮的問題。如果你要我收起你鞋子，好讓你不會跑走，你必須要求我。」

他在後院待了五天五夜。然後他離開，開始去找工作。他參加酒癮者互誡協會（Alcoholics Anonymous），一週到協會兩次。他帶他的女友到那裡去，他們打算在情人節結婚。

奮力克服恐懼

好，在（和我太太）討論我不說「請」字的問題時，我提到我兒子羅伯的問題。你見過他，不是嗎？

薩：沒有，我和蘿西去他的房子，但他不在，所以我沒有見到他。

艾：羅伯對待家人的舉止有時候有點直率。為什麼？他是八個孩子中舉止應對最得宜的一個，他也是個獨來獨往的孩子。他七歲那年被卡車撞到，我到善心撒馬利亞人醫院（Good Samaritan Hospital）去確認他的身分。我問：「傷勢如何？」急診室的醫生說：「大腿骨折、骨盆碎裂、全身瘀青、頭蓋骨破裂和腦震盪，我們還沒有檢查內臟的傷勢。」我問：「預計情況會如何？」他們說：「嗯，如果他撐過未來四十八小時，就有活下來的機會。」

我回到家，把家人都叫來，我說：「我們都知道羅伯，當他做事情的時候，會把事情做好，我們大家現在都靠羅伯把事情做好。他只是發生車禍，兩隻大腿骨折，他的骨盆碎裂，有腦震盪，沒有內傷。如果羅伯撐過未來四十八小時，他就有活下來的機會。我們要讓他把事情做好，所以哭是很不禮貌的，我們都幫不上忙，去做你的功課或者是家事；不去睡覺是很不禮貌的，因為我們會做我們的工作，而羅伯也會做他的工作。你可以很舒服地上床睡覺。因為羅伯**會**做好他的部分。」

我們都上床睡覺，彷彿沒事發生。羅伯確實有一段艱困的復原期，他必須為復原付出驚人的努力。當他從醫院回到家的時候，他興奮不已。他的身體打上石膏，抬擔架的人把他抬進來，放在沙發上，羅伯說的一些話，讓抬擔架的人差點掉下手中的擔架；羅伯

說：「我很高興有像你們這樣的父母，其他可憐的孩子，他們父母每天下午都會來探訪，孩子們會哭得淅瀝嘩啦；然後他們晚上會再來，孩子們又哭；星期天，那真是糟透了，孩子們整天哭個不停。而你們沒來看過我一次。」我說：「不是這樣的，我們要你趕快好起來。事實上，我們曾打電話到醫院去問你的狀況，也到護理站透過玻璃窗看你，但你看不到我們。我們讓護士把我們送你的禮物拿給你。」

我在探訪日實習的時候，會在探視者來之前、之中和之後替病人量脈搏、血壓和呼吸率，探視者無可避免地減緩了生病親人復原的速度。

薩：所以有時候什麼都不做是最重要的……

艾：（**同時說話**）是全世界最重要的事。當我和貝蒂在芝加哥的時候，克莉絲提和她的朋友在一起，她騎著一隻驢，當時她十歲。那隻驢走到一棵柳橙樹下，把她撞下驢背，摔倒在地上，她的手肘骨折，朋友趕緊把她送到家庭醫師那裡，那位醫師戰戰兢兢地處理著，因為病人是一位醫生的孩子。她整個膝蓋都骨折，那是很糟的骨折狀況，這種情況需要繁複的手續去固定關節，再打上石膏。當一切都順利完成後，醫生犯了一個大錯，她拍拍克莉絲提的肩膀說：「小女孩，別擔心，妳會好起來的。」她說：「我當然會好！那是一隻好手臂啊！」一個小孩子就應該有這樣的態度。

好，羅伯當時面臨了嚴峻的考驗，他必須付出極大的努力，這種情況有時也出現在他面對家庭的自我調適上；他的太太凱西現在懷孕了，而他是全世界最多慮的人，他有時候太過頭了，會產生一些緊張狀況。

當他把石膏拆掉的時候，他躺在沙發上。你很難想像這是什麼樣的情況，你從十二月到三月都一直裹著石膏，現在居然要把它拿掉。他轉到另一側，看著地板說：「爸爸，你知道到地板的距離就像到天花板一樣遠嗎？」躺在床上這麼多個月，會讓你的空間感扭曲，視線所及就只有床到天花板的距離。當他看著地上，距離似乎非常遙遠。最後他終於鼓起勇氣，站起來走進廚房。當你有幾個月沒有走路，你會喪失許多身體的記憶，所以我陪著他穿過房間，我知道將會發生什麼事，第一件發生的事是你忘了怎麼去彎髖關節，他彎得太厲害，重重地摔倒在地上，我說：「羅伯，我不認為你把地板損害得太嚴重，我想地板應該會沒事。」

　　我在想什麼時候他敢走下前廊的階梯，走下前廊的階梯是一件恐怖的工作，一件很嚇人的事——就像是試著要跳下大峽谷一樣。所以他走到門廊，坐在欄杆上，他看看下面的庭院，再看看門廊的地板，我什麼都沒說，他才是那個要走下那些階梯的人。

　　有一天他走下階梯，牽了他的腳踏車，騎去逛一圈。好，車禍發生在塞普勒斯街和第三大道之間的轉角，我在想他什麼時候會過那條街，自己又該在這件事上做些什麼。他騎著腳踏車到第三大道，左右打量著街道，估計一下交通流量，看看對街，再估計一下兩邊車道的交通流量，然後騎過來。對他而言那是一件最恐怖的事，但他做到了。

　　還有一件事，他不曉得我之前並不知道這件事，他媽媽帶他去看牙醫。牙科診所在二樓，階梯是用橫木做的，你可以透過橫木間的空隙看到下邊的地面。他開始上階梯，他說：「妳先上去，我會到牙醫的辦公室找妳。」他靠著自己一路爬上去，我可以跟你保

證，那一定是非常恐怖的經驗。他出了牙醫辦公室，說：「媽，妳先去開車。我會在某某街和某某街之間的轉角和妳碰頭。」他獨自走下階梯，強迫自己用正常的姿勢走路。你知道那是多麼恐怖的經驗，以及那麼做需要怎樣的自控力嗎？

我小時候住在農場時，有一個男人在森林裡一英哩半的地方上吊自盡。附近所有農夫都說他的鬼魂還在那裡，為了避開那個地方，他們寧願多開三哩路，也不會開上穿過那片森林的高速公路；他們會繞道而行。

好，我被我的玩伴嚇壞了，他們告訴我：「如果你連續夢到三次同樣的夢，它就會實現。」我連續三天夢到一隻老虎要攻擊我，我真的很害怕那隻老虎會從暗處跑出來。當我知道那個鬼魂的事時，我等著天黑，那是一個沒有月光的暴風雨夜晚。我緩慢地走了一哩半的路，進入森林裡。然後我轉身慢慢地走回來，沿路撿著樹葉，拍打著樹木的枝幹，臭鼬、老鼠等小動物連忙跑開。我知道什麼是真正的奮戰，從此之後，我再也沒有經歷過恐懼。

▎諷刺劇的主角

薩：就是說有一些事情你必須為自己而做。

艾：（**同時說話**）……為你自己。但它留給你強大的行為制約模式。

當我和病人工作的時候，我都懷抱著極大的熱情，這對病人非常重要。當我念醫學院的時候，一位外科醫師教授精神醫學，他用一種很鬆散的方式敘述他的手術經驗。他考試的時候會帶著幾瓶威士忌和幾個杯子，然後說：「孩子們，這就是考試。」

當我在密西根成為醫學院的老師時，在第一堂課我說：「所有的學生都知道，每個大學教授都認為他教的課是最重要的，這是很可笑的一件事。我不是那種教授，我不認為我的課是門重要的課；我知道它確實是。」（艾瑞克森和薩德都笑）

當我說「我知道它確實是」的時候，我真的嚇到他們了，然後我給他們一份閱讀書單，針對那些對精神醫學真的有興趣的學生，還有第二份書單；在第一堂課之後，許多學生簽署了一份請願書，要求院長把我從教師名單中撤換下來。院長告訴我這件事，我說：「我一點也不喜歡這樣。我對教學很嚴謹。」院長說：「你要我怎麼處理這件事？」艾瑞克森說：「把請願書給我，我會好好處理。」大概六個星期以後，學生真的喜歡我，也真的喜歡這門課；當他們早上進教室的時候，我把請願書放在黑板上。我沒有提到關於它的任何一個字，沒有人問起關於它的任何問題。他們還能怎麼做呢？（艾瑞克森笑）

在高年級慶祝畢業的活動中，他們總是會演一齣諷刺劇。有四位教授會雀屏中選，裡面有一位是大家最不喜歡的。有一年的諷刺劇，他們放了一個夜壺在桌上，所有人排成縱列，齊聲說：「早安，X醫生。」（艾瑞克森笑）

好，有一位羅區（Rachel）醫生，他是內科大夫，他有一種不尋常的能力。當六個學生圍著他，同時問一個問題時，他能夠回答所有六個問題，他分別聽到了同時問的六個問題。當然，他也變成了諷刺劇的主角；那個演他的人，被問了一堆非常複雜又冗長的問題，然後他一個接著一個、正確地回答那些複雜的問題。

然後有一位派特·嘉士柏（Pete Jaspers）。有一個派特·嘉士

柏的例子。我當時在士兵徵召委員會，我檢查一名入伍新兵，他的表格上寫了個紅色的「R」，表示退訓。這名新兵是個眉清目秀的年輕人，體格很好，肌肉發達。當他走過嘉士柏的攤位時，嘉士柏看到他，也看到那個紅色的「R」，他說：「是哪個該死的蠢蛋退訓一個像這樣的新兵？坐下。」那名新兵坐下。嘉士柏非常仔細地檢查他，然後寫上了第二個紅色的「R」。他走過來我的攤位說：「你知道，我是同一種該死的蠢蛋。」（艾瑞克森笑）

他指導我的住院醫師一門神經學的課，他問一個相當聰明的小伙子喬（Joe）：「對……適當的治療是什麼？」他說了一種很冷僻的神經疾病，喬答對了正確的處方，而嘉士柏說：「你這個尖頭的白癡，你從哪個該死的笨蛋那裡得到這個錯誤的資訊？」喬說：「我在一篇文獻讀到的。」他說了文獻的標題，是由派特・嘉士柏醫師所發表的文章。嘉士柏說：「從此之後，我又有新發現了。」（艾瑞克森笑）很完美的答案。他總是諷刺劇裡的主角。

而我也成了他們諷刺劇裡的主角。我戴著一個很大的色領結，手裡拿著一堆手稿，說著我那句名言：「我替你們班準備了一張份量較少的閱讀書單。」然後他們展開了一捲大概有二十呎長的手稿。「至於那些對精神醫學稍微有一點興趣的人……」然後展開第二捲手稿。「至於那些對精神醫學確定極有興趣的人……」然後是第三捲手稿。（艾瑞克森笑）第一張清單大概有四十本書，第二張二十本，第三張五十本。

接下來艾瑞克森說的是安（Anne）的故事（記載於 Rosen, 1982a, p.231）。她是醫學院的高材生，但是習慣遲到，醫學院的

人都在猜艾瑞克森會怎麼處理這個情況。開學第一天，她上艾瑞克森的課遲到，進教室時，艾瑞克森向她問好，所有的老師、學生和職員那一整天都不斷向她問好。從此之後她都準時上課。

當其他人都束手無策的時候，艾瑞克森只是「獻上敬意」，用這個介入方式改變了安的行為模式。

觀察隱微線索能力的培養

薩：我想問一個問題：你對於別人言語和動作中隱微線索的觀察力相當驚人。我想要自我培養這種技巧，你有什麼建議嗎？

艾：無論何時，當你觀察出一些端倪之後，把它記下來，並寫上時間，把它們鎖好。當你發現佐證或是反證時，回去看你當初的觀察記錄。如果你說：「我想那個女孩子在談戀愛。」把它寫下來，或許在三個月之後你才會發現她談戀愛的證據。如果你只是寫「她有一段戀愛關係。」你可能會記不住，你最好寫：「我想她愛慕這個和那個。」或者是「我想她已經愛上某人了。」你不會記得三個月以前寫的東西，所以你從鎖住的抽屜裡把它找出來，你仔細看當初寫的觀察記錄，這樣一來你就知道你的觀察是否正確。

薩：嗯。

艾：而你會學到很多東西。幾個月之後你發現一些事情，你會說：「喔，沒錯，我幾個月前就注意到那件事。」然而，你可能沒有。也許你有，也許你沒有，也許你想的是其他的事，因為你甚至不記得你上週所了解的是什麼。但當你把它們記下來，並運用它們，你核對了自己的能力。

這裡艾瑞克森說了一個案例（記載於 Rosen, 1982a, p.182），他注意到一位女子拍掉袖子上的棉絮時，她不像一般女孩子會「將手肘繞過胸部」，據此他對這個病人做出易裝癖的診斷。

艾：當我的女兒們十一歲或十二歲的時候，我就知道她們成人後的胸部大小。因為人類的身體會為未來的成長預作儲備，它會有周全的準備。在懷孕兩週後，骨骼的鈣質儲量會有大幅度的改變，這個時候幾乎看不出任何懷孕的跡象；然而，身體會知道發生什麼事了。

好，我一個還不到青春期的女兒剛好伸出手去拿收音機上面的東西，我注意到她手肘繞過胸部的幅度，所以我要艾瑞克森太太在女兒洗澡的時候，進去看她的乳頭有沒有什麼改變。貝蒂告訴我：「乳頭才剛要長出來而已。」

我想我應該告訴她，她以後乳房會很小，因為她手肘繞道的幅度很小。我跟她說胸部小很好，當妳變老的時候，乳房不會下垂到腿上。妳不用為了要洗乳下的部位，而必須要把它們甩過肩膀。

之後有一天，我告訴她我必須向她道歉。如果她結了婚、哺乳孩子，她會有中型的乳房，在孩子斷奶後，乳房又會回到原來的小尺寸。因為那時她一直在當保姆，照顧一個還在喝奶的嬰兒，我注意到她手肘繞道的幅度變大。現在她給自己的孩子餵母乳。她有小型的乳房，這在她十歲的時候我就知道了。而當她十二歲的時候，我知道如果她懷孕的話，會有中型的乳房，之後又會恢復原狀。現在當我跟她說任何與解剖或生理有關的事，她都會相信我。

薩：我想那是一定的。

艾：有多少人會觀察別人走路和移動手臂、手和手肘的樣子？

好，在士兵徵召委員會裡，等待體檢的新兵大排長龍。他們都擠在攤位前，很難進行精神健康的檢查。沒有新兵會想要讓人聽到他的檢查狀況，所以我說：「好了，男孩們，排好隊伍。」其中有一位很洩氣地走到隊伍後面。我告訴他：「公車司機，進來。」那個小伙子走進來，他說：「你怎麼知道我是公車司機？」我說：「你剛剛扯著嗓門喊『排到後面去。排到後面去。排到後面去。』多久啦。」（**艾瑞克森笑**）他說：「我喊了很久了，但沒人照著做。當你說：『退後。排好隊。』時，我急著想讓他們退後。」（**艾瑞克森笑**）這只是常識。

我用我的方式在醫學院替威斯康辛的感化院和監獄的犯人做精神健康檢查，包括密爾瓦基郡感化院（Milwaukee County House of Correction）。我對犯罪行為知道不少，我曾在底特律當過十四年的法院顧問。這是為什麼我知道怎麼跟派特說：「你想要幫助。你是一個酒鬼，你是一個坐過牢的人，你一直都為了喝酒而工作；你在你女朋友那裡白吃白住，她已經受不了你了，把你掃地出門。現在你才說你需要幫助。在我家後院有一張床墊，你可以待到你不想待為止。我會給你一條毯子。後面有一個水龍頭，如果你從後門進來，你可以有冷掉的烤豆子當食物。」「你真是砍到我的痛處了」，他說完就離開，在大太陽下走了幾哩路去找他女朋友，她說：「滾開這裡。我已經受不了你了。」所以他回到這裡來找我。

治療酒癮者

有一個男人走進我在密西根的辦公室。（**這個案例在這裡的**

陳述，可對照於著名的版本 Wilk, 1985, p.216 。）他說：「我四十二歲，在航空界有很多輝煌的記錄。我從十二歲開始喝酒，剛結束長達三個月的狂飲。」我問：「那在這之前你在做什麼？」「嗯，才剛從另一次長達三個月的狂飲清醒不久。我來找你是因為你是斯堪地納維亞人，我也是。一個老古板（squarehead）可以跟另一個老古板開門見山地談話，老古板也能了解老古板的想法。」

（**對薩德說**）你知道老古板這個詞，不是嗎？「艾瑞克森」是斯堪地納維亞名，而一個斯堪地納維亞人就是一個「老古板」。

我說：「好，所以你是酒鬼已經有三十年了。你有很多飛行記錄。」他說：「是，我是毛毛蟲俱樂部（Caterpillar Club）的第二十二位會員。」

（**對薩德說**）你知道那是什麼嗎？當你在一架飛機上，你要你的技師跳傘；當他安全的跳傘，你接著跳傘，如果你還活著的話，就成為毛毛蟲俱樂部的成員。那是他年輕時的事，他十幾歲的時候。

他說：「我有一本收集飛行記錄報導的剪貼簿。」我看了那本剪貼簿。他是二次世界大戰美國空軍「哈普」・阿諾將軍（General Hap Arnold）[4]的朋友，他和哈普是同時期的飛行員。他很早就飛行橫跨過美洲大陸。我不知道他贏過多少次的飛行比賽。而現在他是父母的寄生蟲，才剛剛結束長達三個月的狂飲，在這之前還有另一次三個月的狂飲。

---

[4] 譯註：Henry Harley Arnold，1886-1950，美國五星上將，又稱為 Hap Arnold，畢業於西點軍校。二次世界大戰期間擔任過美國陸軍空戰總指揮官。

我說：「好。首先，那不是你的剪貼簿。你只是一個不折不扣的酒鬼，你是那些好人身上的寄生蟲，吸你的好爸媽和好太太的血。你是個乞丐，你乞討，你偷東西，而你竟然說自己是那本剪貼簿的主人。創下那些記錄的男人是一個真正的男人，你絕對不是一個男人。」在幾個小時內，我讓他回顧自己過去的樣子。

我問他通常是怎麼喝醉的，因為喝醉會有固定的模式。他說：「我點兩大杯的啤酒，一手一杯。我喝光所有的啤酒，然後再追加一杯威士忌。」艾瑞克森說：「當你離開這裡之後，如果你是一個男人的話，下樓開你的車，開到利佛諾斯大道，把車停在中帶街，走進米爾史達酒館，點兩大杯啤酒。」他氣急敗壞，我說的話非常刺耳。他離開辦公室，在下樓梯的時候還狠狠地撞了一下。

之後他告訴我，他停在酒館，點了酒，手裡拿著兩大杯啤酒，他突然意識到：「我現在正在做的事，竟然完全跟那個狗娘養的說我會做的事一樣。」他說：「所以我放下酒杯，從此以後我再也沒有碰過一滴酒，我甚至連那兩杯酒都沒喝，付了錢就走出來。」我回答：「你一直因此而沾沾自喜嗎？你一直都在說謊，你每個星期都在『嗑藥』。」他說：「你怎麼知道？」我說：「我知道酒鬼的樣子。」所以之後我真的告訴他過去是怎麼樣的一個人，他知道我是對的。那是在 1942 年的 9 月 26 日。

在同一天，他到底特律市中心的一家健身房報名。他每天去健身，將自己的體格鍛鍊到最佳狀態。十一月的時候，空軍接受他回去服役，但沒有飛行資格。他是空軍上尉，但他被停飛。他是一個好軍人，他會從基地打電話給我說：「我現在意志薄弱。」有一次他打給我說：「我這裡有一瓶萊姆酒，我該怎麼處理它？」我說：

「把它帶來我的公寓，我提供酒杯和冰塊，我們一起喝醉。」他過來，我準備了兩個放了冰塊的酒杯，我倒酒到我的杯子，再倒到他的杯子。我開始喝酒，他說：「你真是該死、差勁、狗娘養的！你會跟我一起喝醉！」我說：「這不就是這瓶萊姆酒的功能嗎？」他說：「你去死吧！」然後就走了。

另外一次，他來找我，說：「你告訴過我：任何時候我想去喝醉，你都會陪我去。所以我的車已經在這裡等了。」我說：「好。」我叫貝蒂，告訴她不用等我，也不用擔心。我問：「哪一間酒吧？」他告訴我，我說：「好。」酒吧在東迪朋（East Dearborn）。我很舒服地坐在車裡，車子開了兩哩、三哩、四哩，我們只閒話家常。

最後他說：「你這個狗娘養的，當你說你會跟我去酒吧買醉，你是當真的。」我說：「我是當真的。我想我可以喝到讓你躺在地上，喝了就知道。」他說：「你真是該死、你真該死、你真該死。你不會知道的。」他把車掉頭開回家。

他升到少校。有一天晚上他來找我，他問候我：「晚安。」我說：「少校，晚安。」他說：「我賭輸了，我賭你不會馬上看出來。」

他以前帶我們到市區的軍官餐廳吃飯，他總是幫貝蒂點一杯好酒，幫我點另一杯好酒，他自己點柳橙汁或是牛奶。他獲准繼續飛行，被派到五角大廈，成為五角大廈軍官和國會議員的特別飛行員。

他偶爾會從華盛頓打電話給我，說：「我想我需要聽到你的聲音。」我們會天南地北地聊天。他下次打電話給我，可能是一個星

期以後，也可能是三個星期以後。1942 年的 9 月 26 日是他最後一次喝酒。我想大概是在 1963 年，他帶著老婆和小孩來看我；他帶我們出去吃飯，幫我和貝蒂都各點了一杯酒。他仍然滴酒不沾。

他走進來說：「我和你一樣是個老古板。」他要我直截了當地跟他談話。我可以直截了當地跟他談話。我答應他，任何時候他想要喝醉，我都會陪他一起醉。當他帶我出去要喝酒，他退縮了，一路直接開回家，我笑他膽小鬼。我沒有讚美他；我因為他退縮而嘲笑他。

有一次哈普·阿諾從歐洲回來，他和哈普·阿諾及一些高階軍官（他那時已經是中校）在軍官餐廳聚會。包柏接到一通電話，他不在的時候，哈普·阿諾偷偷在他的可口可樂裡攙酒。包柏回到座位上，他喝了一口可口可樂，才知道裡面被攙了酒，即使他穿著軍服，而哈普·阿諾是將軍，他轉向哈普·阿諾說：「你這個差勁的狗娘養的。」他真的狠狠地轟了他一頓。而哈普·阿諾知道他自己做了一件不可原諒的事，你不可以在一個改過自新的酒鬼的飲料裡攙酒。哈普·阿諾接受了這一頓抨擊，並且向他道歉。你不可以對將軍罵髒話，（**艾瑞克森笑**）但哈普·阿諾是個明事理的人，他不害怕面對事實。在軍隊裡面，只要不逾越基本的道理，你可以要下屬做任何事。甚至巴頓將軍（General Patton）都會因為掌摑一名士兵而事後跟他道歉，他知道這是不對的。在一個已經戒酒的酒鬼飲料裡面攙酒，可能比掌摑士兵還嚴重，這是一件不可原諒的事。在他結束了對哈普·阿諾的炮轟之後，他拿了雙氧水漱口，然後他刷牙。這是一件恐怖的事情。

當他要離開底特律到五角大廈的時候，他有一次不好的經驗。

他的中隊舉辦了一場送別晚宴，餐點中有萊姆口味的蛋糕，他吃了一口，發現那是萊姆口味，立刻作嘔。他之後告訴我：「我經歷了一段悲慘的時間，我不斷地刷牙漱口，為了要把那個味道從我嘴巴消除。」

如果我試著用正統的方式去治療一名酒癮者，情況將會怎麼樣呢？你用病人相同的層次和他們溝通，用他們能了解的語言，不要害怕運用它。

通常你會發現病人喜歡幾種特定的表達方式，但他們不了自己說出來，所以你幫他們說。我想起有一位州立醫院病人把所有吃下去的東西都吐掉，她總是吐得一乾二淨。醫院主管說：「除非插管餵食，不然她可能會餓死。你能想辦法處理嗎？」我說：「沒有底限嗎？」他說：「沒有底限。」

我去跟那個女人說：我要幫她插管餵食，如果有必要的話，我還會替她做第二次插管餵食。我讓她坐在椅子上，把她固定住，她對這個姿勢相當自在。她的手被綁在椅臂上，而護士手裡拿著一個鍋子要讓她嘔吐用。我把灌食的食品由餵食管倒進去，她吐出來，我從鍋子再倒回管子裡，她吐了一部分出來，我再倒回去。她學會讓它留在裡面。

薩：我想一定是的。

艾：護士們非常討厭我；他們很希望我被開除。我寧願讓他們生氣，也不希望病人餓死。我用了一個簡單的方法。

這一天艾瑞克森最後談的案例是賀伯特（Herbert）的例子，一個住院的思覺失調症病人，艾瑞克森用策略性的作業去面質他，讓賀伯特破除他的妄想。因為這個案例詳細刊載於海利（Haley, 1973, p. 287）和羅森（Rosen, 1982a, p. 202）的書中，在這裡不多贅述。

評論

我想要分享讀過這份我和艾瑞克森會談逐字稿的想法。我個人方面的回應是感動，而專業方面的回應，是裡面的每字每句都讓我深深著迷，就像十二年前我第一次遇到艾瑞克森時一樣。我想先談談一些比較主觀的部分。

我去找艾瑞克森，主要的原因是去當他的學生；我其他拜訪他的原因，在我腦海中並沒有具體的明朗化。然而，雖然沒有說出來，很清楚的，艾瑞克森努力從個人層面上影響我。我並沒有呈現我的問題，或要求他對我的問題提供協助——有些問題我甚至沒有察覺到。艾瑞克森點出了我個人困境的諸多面向，著手協助我跨越這些困境。我很高興他試著幫助我克服這些會限制我的障礙，無論在身為一個人或一位治療師的層面上。

我清楚記得自己當初是多麼感動於和艾瑞克森在一起的經驗。在我拜訪他的第二天，我看著他奮力地將自己從輪椅移到辦公椅上，然後他忍著顯而易見的疼痛，開始與我談話，藉此想要教導我如何成為一個更有用的人和治療師。我記得我感到強烈的感動，他願意無私地用他有限的時間來幫助我。

在這種強烈感動的衝擊之前，我從來沒有遇見過像他這麼有力量的人物。艾瑞克森有許多令人驚奇的層面：或許他深遠的治療效果是來自於他的高度敏銳、尊重個人、熱情、神采、獨特的風格，和面對逆境時所展現的強韌生命意志。我看到他努力把每件事做到最好，這激發了我有為者亦若是的自許。

在這三次的會談當中，我試著找出艾瑞克森的治療模式，理智地評論他的方法。然而，我有時候打斷了他的脈絡。他對於談話目標了然於胸，不需要我太多的回應也能工作。我驚訝於（甚至也有一點鬆了口氣）他技術的主動積極，很少需要我來回應。然而，我並非僅僅扮演一個被動的角色；整個過程裡，我不斷被刺激去思考艾瑞克森的意圖何在，而這正是我為了激化改變所必須做的努力。

由於治療經驗的增加和這幾年學習艾瑞克森治療方式的幫助，我更能從專業的角度細究他的治療技術。有一個技巧特別突出：艾瑞克森說的一些軼事有哄我入睡的效果。然後艾瑞克森會在我催眠敏感度較好的時候，在話中「偷偷塞進」暗示；這種用「意圖無關」（intentional irrelevance）去鬆懈理智的技巧，值得進一步探究。

還有，艾瑞克森試著同時在個人層面和專業層面上幫助我提升學習催眠的能力。在他對我做的催眠引導裡，他只用了自然催眠法，沒有正式的催眠引導；他完全沒有要求。事實上，當時我可能會因為害怕而抗拒正式的催眠，艾瑞克森用了正確的技術，因此提升了我的催眠敏感度。這份逐字稿呈現了艾瑞克森身為一個人和一位治療師的面貌，因為這整份逐字稿的公開，才得以一探艾瑞克森完整治療歷程的全貌。許多作者常常分析艾瑞克森片段的治療介

入；然而，他治療的奇效乃是根植於他持續歷程的運用。但是培養
對於艾瑞克森治療歷程的洞察，又是另外一個向度的議題。

我的故事

黛安・蕭（Diane Chow）

　　由於我母親的一點疏忽，我才被生下來。我是雙胞胎的其中一個，當我父親知道生下來的是雙胞胎，他提議把一個淹死，但我母親覺得產下雙胞胎很驕傲。我常常覺得為什麼要身為雙胞胎之一才會受歡迎，而如果我被單獨生下來就不會。

　　我父親為了慶祝生下雙胞胎，買了一個鑽石墜飾和一臺豪華鋼琴送給母親。沒人曾學會彈那臺鋼琴，但是鋼琴椅卻很好用，高度剛好可以讓我在二年級時拔我的臼齒。我的哥哥偷走了那個鑽石墜飾，連同大家的戰時儲蓄郵票和一角的撲滿。

　　我們家境還不錯。母親告訴我，以前有人會站在我們家門口詛咒我們，因為我們的煤炭多到地下室裝不下，其他人卻冷得要命。這一定也讓我母親覺得很驕傲——如果有人跟她要煤炭，只要他們適度地表達感激，她一定會給他們。

　　我母親很漂亮。我對她最早的記憶是當她和父親要到鄉村俱樂部跳舞時，我伸手摸她的洋裝。

　　我的父親高高瘦瘦的，人很幽默，但他覺得對孩子唯一的責任就是給我們足夠的金錢，這樣我們就會快樂。我不知道你怎麼樣叫一個酒鬼父親。他會連續六個月勤奮地工作，對母親的頤指氣使、

逆來順受，然後他會突然⋯⋯[1]

你建議這間醫院。我不想去──但我知道我還是會去。我想回去──收容病房──自大的護理人員──害怕再次離開──累了──對抱怨困擾我的身體病痛感到羞恥──因為當我在醫院得盲腸炎的時候，他們嘲笑我，告訴我「一切都是我想出來的」──你在龐蒂亞克（Pontiac）的所有問題，「一切都是你想出來的」。

你知道接下來的部分。我希望我有勇氣先死去，然後我才能看清你的臉，再狠狠地罵自己一頓。我想你一定相信我會痊癒，不然不會花時間在我身上。我就是無法改變自己的想法，才會進來這裡。我想要好起來。我只是怕我會讓你失望。我並不勇敢。我知道自己骨子裡的想法相當醜陋。我可能會盡一切所能，不讓你認識真實的我。這就是所有的故事。我只是把冒出腦海的想法很快地寫下來。我的文筆很差，而且字跡潦草。然而，我已經寫得手臂酸痛、脖子僵硬，腦子也不清楚了。

因為我還沒有死，所以我還繼續在寫我的生命故事，我甚至已經不太確定自己是不是還是想死，但是我很確定──喔，我非常討厭早起！

---

[1]　原註：這裡是黛安自傳第一頁的結束。下面的段落是她自傳裡的第三十七頁。

夏娃・帕頓

　　這個病人說：「你只要問問題，我會負責回答。」她被問到她的年紀。「不要告訴我你連這個都不知道。我今年三十二歲，或者說我應該算是三十二歲。我在 1912 年 6 月 16 日出生於密蘇里州的何克連。那是一個小鎮——小鎮的閒話——越過後院的籬笆到鄰居家裡就像洗米水一樣——就像餵豬吃的洗米水。兩條腿的母狗和毒蛇住在人的軀體裡。有很多人我不喜歡。其中一個是扶養我的小姐。我崇拜那個養我的男人。他像百合花一樣白，他的頭髮和渡鴉一樣黑——就像愛得佳・愛倫・坡（Edgar Allen Poe）說的——黑夜的渡鴉。他的眼睛跟豹一樣黃，但他是一隻從來不會改變身上斑點的豹。他是白皮膚，他的媽媽是黑皮膚。他有一個大哥，主宰著整個家庭，他把他的太太送到瘋人院。她一輩子在那裡待了三十四年。現在她在密蘇里的另一個地方，在那裡他們把病房鋪滿護墊，所以你就不會撞得頭破血流。大約十八年前，在他的照料之下，她出院了，一個下流無恥狗娘養的人讓她懷孕。然後她被送回精神病院，她的小男孩現在已經十八歲。在那之後，她一直待在哪裡。」

　　「我的弟媳諾瑪・可瓦斯基（Norma Kowalski），我同母異父弟弟雅各・可瓦斯基（Jacob Kowalski）的老婆，現在住在底特律的伯里（Braile）12345——我同母異父的弟弟告訴我，我的阿姨記得

事情所有的經過。當我在七月四日和我當時七歲的兒子羅夫去密蘇里時——我的弟弟保羅——我想他就是那個打電話叫警察到灰狗巴士站把我抓起來的人——他說我已經準備好要去精神病院。當我看見我弟弟保羅出現在售票亭時，我帶著羅夫躲到女廁所。我們等到他們叫喊著：這是到聖路易的巴士——直到他們叫喊著：這是最後一班到聖路易的巴士。在我打給住在底特律皮爾格蘭（Pilgrim）的女性友人——她的先生在印第安村（Indian Village）地區做一流的搬家工作——替高級人士服務——她是我最好的女性朋友——我們在 1932 年時一起在飯店工作。她就像我的姊妹一樣。我在 1933 年當她的伴娘。」

「我在飯店當了三年或四年的女服務生和女主人。有時候我喜歡那份工作，有時候我不喜歡。我大概辭職過三次。以前當男人看我的眼神好像我赤身裸體時，我會覺得尷尬，但在我結婚之前，我不再像以前一樣覺得尷尬。第一次我是為了一個德國男服務生而辭職。我愛上他。我當時二十一歲。他是一個已婚的男人，但他沒有戴婚戒，我以為他還是單身。他和我約會，我的女性朋友告訴我她發現他已婚。我不相信，因為我不認為有誰能這麼下流無恥地欺騙一個從未結過婚的女孩。所以我去找潘，我們的出納員，問她他是不是已經結過婚了。她說是，她很確定這件事，並且他的太太已經懷孕了。當天晚上我和他有約會，所以我要一個客房服務的男服務員彼得，到海門五樓工作的地方找他，告訴他我要和他分手。然後當天晚上我到芭芭拉的住處待了一夜。她是十五樓的出納。這就是我第一次辭職的原因——為了一位已婚的德國服務生。」

「在他的孩子出生之後，我們又繼續見面。我想要親他，看和

他接吻的感覺如何。當我還沒有親他的時候，我就已經知道親他的感覺如何，我只是想要知道實際親吻的感覺是不是真的一樣好。確實是如此，我和他又出去過幾次，但我們都沒有性行為。他帶他九個月大的小女兒來我住的地方。她的名字叫瑪莉。她從來沒有和陌生人相處過，但她整個早上都跟我在一起。」

「我們去巴里・伊斯（Belle Isle）替她拍照。我替比爾拍了一張照，在我替他拍照的當時，他是其中一個女服務生的男朋友。然後當他在哈得森公司把相片沖洗出來，裡面有比爾和其他人的照片，海門很生氣，他質問我，我說：『你怎麼還能這麼理直氣壯地質問我——你是個已婚的男人。照片中的男人是桃樂絲・黛芙琳（Doris Devlin）的男朋友，我在她休假的時候拍的，我希望你滿意這樣的答案。』」

「他要我和他一起遠走高飛到芝加哥去，他打算離開他老婆，但我沒有答應他，因為我知道有一天他會厭倦我，而回到他老婆和小女兒的身邊，因為血應該是——應該是濃於水的，或許這段感情很可笑，但我很愛他。如果我夠聰明的話，我應該捉住這個機會和他一起去芝加哥，和他住在一起，但我只有二十一歲，我還不太了解生命到底是怎麼一回事。我從來沒有和我媽媽深談，因為和她談讓我覺得尷尬。我從來沒有在我媽媽面前脫過衣服，但我應該能在爸爸和兄弟們面前脫衣服，而不覺得有什麼大不了。在我媽媽面前，我有一種可笑的感覺。有一次她在我面前脫衣服，我馬上就離開房間。」

「在這段期間，我在愛洛思被放出來。我媽媽告訴我，我爸爸已經死了，我只說：『妳是個該死的騙子，我爸爸永遠不會死

的。」當我的狀況好轉時，我也從來不覺得我的爸爸已經死了。無論其他人怎麼想，你心裡記得的就是你自己的想法——也不管他們認為你所看到的是什麼，或是他們認為你所聽到的是什麼。我不像其他人認為的，是個該死的混蛋，而是受到我身邊的人影響——就像我爸爸以前說的：和一堆跳蚤躺在一起，你起來的時候身上也會沾著跳蚤。我以前聽他說過這樣的話。我媽媽以前說偷聽者聽到的事對他們毫無益處。我的祖母以前常和我父親說話，我會聽他們說話的內容。她回去愛爾蘭了。我是愛爾蘭人，我是印度人，我是英國人，我是威爾斯人，也是印度人、威爾斯人、德國人和其他我不知道的種族的混血。就像我弟弟之前經常說的：『我們間接地和英國皇室有血緣關係。』但他經常會從這裡開始天南地北地胡說八道。當他念高中的時候，我幫他寫所有的功課——他從來都不用念書。我必須要念某些科目。我體育、音樂和英文都很好，我喜歡歷史和職業資訊。我並不喜歡生物——我不喜歡解剖，我從來就不喜歡支解蝴蝶，然後把牠們固定起來——我們在小學的時候這樣做——但我弟弟保羅喜歡生物，他喜歡跟折磨有關的事情——在某方面他跟我的丈夫很像。我丈夫喜歡看人受折磨的樣子——他喜歡看他們的反應。我媽媽說他瘋了——但他並沒有瘋。他跟我弟弟保羅一樣很聰明，要不是為了那個瑪格莉特·蘿絲（Margret Ross）——那個不要臉的賤女人，我現在還會和他在一起。我總是這麼說：有高檔的賤女人，也有廉價的賤女人，而高檔的賤女人就是高檔的賤女人，廉價的賤女人就是廉價的賤女人。聖經上告訴你，一個妓女就是出賣自己身體的人，但我從來沒有出賣過我的身體，但當我離開這個地方的時候，我打算要這麼做。因為我已經厭倦了這

麼該死地努力工作，只為了從這個世界裡得到我現在的一切，我再
也不要工作了。」

米莉・帕頓

首先，我在這裡並不是一個病人。我在兩天之前被我的阿姨和舅舅帶來這裡，我相信我的阿姨是善意，她認為我需要某種治療。只是以目前的狀況看來，我的頭腦還相當清楚。當我人在紐約市的貝里約（Bellevue）時，他們找到我。過去三年，我一直斷斷續續地（on and off）住在那裡。我應該說大部分時間都不在（mostly off），因為我丈夫一直都在部隊服役，所以我回家和我的阿姨住在一起，直到他在芝加哥退伍。他在那裡住院十二個星期。

我很愛我的舅舅和阿姨，如剛才所說的，我相信他們都是善意的。我的舅舅華特是一個正直的德國人，我媽媽的名字叫波妮・史凱特（Bonnie Skate），她是家裡三個女孩子其中之一。蕾（Rae）是最小的，排行老二的是瓊（June），她有一個女兒──不，我想應該是兩個女兒──我不確定。無論如何，她至少有一個女兒──我是指瓊──克莉絲，而蕾沒有孩子。我是波妮的女兒，我媽媽在生我的時候難產死了。我出生在密西根州底特律市的帕瑪醫院（Palmer Hospital）。

我的舅舅把我養大，他對我很好。一直到我長大，我在那裡都很快樂。然後──我想每個人都會到一個想要有自己的家的年紀。這並沒有錯，也不是不自然的事，不是嗎？但是他們管我管得很

嚴，為了某種原因不讓我和約翰（John）交往。他們從來沒有看過他，至少就我知道的部分，我不認為他們曾經見過那個男孩。但是自從我回家之後，我發現他們見過他。他們試著要拆散我們，但我無法忍受——你了解嗎？

我並未被合法的領養。我的出生證明由底特律的健康局開立，上面寫著「嬰兒帕頓」。我發現我本來的名字應該是凱洛琳（Caroline），但我寧願用米莉（Millie）這個名字。凱洛琳現在是我的中間名，你了解嗎？但在所有的工作場合，我都是用米莉這個名字。我從十七歲就開始工作，我一直用養父的姓，也就是邦廷（Buntig），是個德國姓。為什麼用一個德國名字會有錯，我不知道。但似乎每當這個國家面對一場戰爭時，有德國名字的人就要遭殃。我只是想知道為什麼！三年前當戰爭開打的時候，我遇到一些麻煩，只因為我有個德國名字。所以約翰幫我改名，我們變成了約翰·菲利普（John T. Phillips）先生和太太。如果你不介意的話，我比較常稱呼約翰為傑克（Jake）——也就是我的丈夫。他是個很好的人。他在醫務部隊服務，我應該說，他以前在醫務部隊服務，但我確定他早已經復職了。

他之前因為精神神經症（psychoneurotic）除役。當然你知道那是什麼意思。但我不知道為什麼，因為他沒有精神神經症，他從來就沒有精神官能症。部隊顯然只是為了把他留置在芝加哥的醫院十二個星期，或者是某人想要這麼做，我隱約知道到底是誰這麼做。我的養父母跟這一件事脫不了關係——或者是我的舅舅包伯·荷門（Bob Herman），他是底特律的職業律師，這件事他脫不了嫌疑。打從我小時候，他就沒有喜歡過我，而克莉絲也一直在這個

世界打滾。我不知道他做了什麼——任何事情我都不確定。我的意思是——你知道，你必須先掌握證據，才能去指控別人一些罪名。我只是不知道——但我很確定這一點：有些地方一定有問題！

當我人在貝里約的時候，我要求他幫我忙。我要求法官讓我見我舅舅，法官告訴我我能見我的舅舅，但是我從來就沒見到他。然後我要求見陸軍婦女軍團募兵站裡的福克斯中尉，我曾在這個單位裡服務，從九月二十八日之後我就不假外出迄今。然後法官說我可以見福克斯中尉，你知道發生什麼事嗎？他們把我送到貝里約，再送到羅克蘭州（Rockland State）的紐約橘鎮（Orangeburg）。法官竟然這麼做！

不過我回到了家鄉。我的阿姨來接我，我們住在布魯克林的一間旅社，那是我這輩子從沒有去過的地方，我們住了兩晚，然後我們回到底特律。大概就是這麼一回事——讓我想想——今天是星期幾——星期五？我們回去了——那是第二個星期天。從那天起，他們整天把我軟禁在屋裡。現在我了解那是為了什麼，他們不要我和約翰連絡上。事實上，那是個很重要的問題。我是指我們經常會——我應該怎麼說呢——經常會在公寓裡為了這件事爭吵，毋庸置疑地，爭吵很容易被聽到，所以他們把我帶到這裡來。如果有人需要治療的話，那一定是我阿姨。她的狀況並不好，自從更年期之後，她的狀況就一直不好。她的左腳靜脈曲張，腳長期以來就是腫的，而她的背長久以來一直有問題。她的背佝僂凹陷——你知道我的意思嗎——這樣？（這裡病人用她的手擺姿勢示範。）我還沒有那樣的背部問題，我的背像箭一樣挺直——就像我祖母的背。但是她真的需要治療，但我不希望她在這個地方接受治療。嗯，或許這

間醫院的這個部門還算不錯。我不知道——我以前從未到過這裡。但我希望她到安娜堡（Ann Arbor）接受治療，我只到這裡兩天。我只能這樣告訴你。

（在這個時候，病人被要求說明發生在她公寓裡的冰桶事件。）喔，我會想要告訴你那件事，那真的很可怕。你知道我是怎麼到紐約貝里約的。這發生在不久之前。事實上，我在 1944 年 7 月 23 日回到那裡，因為約翰剛從部隊退伍，他從芝加哥來到紐約，很自然地，我會想要和他在一起。起初，他住在曼哈頓飯店，我直接到那裡找他，一直住在哪裡——其中有兩個星期住在麥迪遜飯店。

當我和傑克剛結婚的時候，我們在那間飯店住了一星期。在那之前，我們在銀行街的村莊飯店大概住了三天，但我不是很喜歡村莊飯店，所以我們往北搬到較高級的曼哈頓飯店，再搬到麥迪遜飯店。很自然地，我記得那間飯店，之後我們又搬回去，因為它比較便宜。它位於東區。我並不是那麼想要住在那裡，所以我又遷移，再搬回曼哈頓飯店。然後我又回家，因為一個我在佩多克（Paddock）認識的女孩貝蒂（Betty）偷走了我的錢包，裡面有一張我所僅有傑克的相片。我不確定是不是她拿的，但我們這一群人裡面只有四個人，我、貝蒂和兩個軍人。其中一個軍人叫羅伯·史密斯（Robert Smith），他不假外出和我在一起待了一陣子，我們住在一起，最後他錯過了他的船班，所以受到軍法審判，喪失了他的薪餉——每週十二塊，我猜大概是這個數字。你知道他們在部隊裡做什麼。我完全不需要為他錯失船班負責。他想要走，我想你了解，但他也不想離開我。為什麼我一點興趣也沒有，嗯，我也不會

這麼說，因為他要我嫁給他，乖乖地等他回來，大概就是這麼一回事，但終究我嫁給了約翰。他用史密斯的名字寫信到麥迪遜飯店給我，稱呼我是他的太太，羅伯·史密斯太太。

因為我不再對東區感興趣，所以我再次搬回曼哈頓飯店。我似乎總是碰到我不太感興趣的人。西區好多了，那間飯店離中央公園大概有三條街的距離——我是隨便估算的。嗯，事實上我很確定它離五十七街的中央公園有三條街，它大概是曼哈頓高級地帶最寬的一條街。嗯，然後有一天我和約翰通電話。他以前在曼哈頓的造船碼頭工作，他會利用中午休息的一點時間打電話給我。所以有一天他說我應該找一間公寓，他說：「住在飯店很貴，親愛的，妳不覺得嗎？」所以我開始找公寓。記得颶風來的那天嗎？我那天正在找公寓——為了空軍的精神科醫官瑞德中尉（Lieutenant Reed），他的老婆和小孩下個星期天要來……

參考書目

Bateson, G. & Ruesch, J. (1951). *Communication: The Social Matrix of Psychiatry*. New York: W.W. Norton.

Beahrs, J.O. (1971). The hypnotic psychotherapy of Milton H. Erickson. *American Journal of Clinical Hypnosis, 14*, 73-90.

Berne, E. (1966). *Principles of Group Treatment*. New York: Grove Press.

Corley, J.B. (1982). Ericksonian techniques with general medical problems. In J.K. Zeig (Ed.), *Ericksonian Approaches to Hypnosis and Psychotherapy* (pp. 287-291). New York: Brunner/Mazel.

Dammann, C.A. (1982). Family therapy: Erickson's contribution. In J.K. Zeig (Ed.), *Ericksonian Approaches to Hypnosis and Psychotherapy* (pp. 193-200). New York: Brunner/Mazel.

Erickson, M.H. (1944). The method employed to formulate a complex story for the induction of an experimental neurosis in a hypnotic subject. *Journal of General Psychology, 31*, 191-212.

Erickson, M.H. (1966). The interspersal technique for symptom correction and pain control. *American Journal of Clinical Hypnosis, 3*, 198-209.

Erickson, M.H. (1973). A field investigation by hypnosis of sound loci importance in human behavior. *American Journal of Clinical Hypnosis, 16*, 92-109.

Erickson, M.H., Haley, J., & Weakland, J. (1959). A transcript of a trance induction and commentary. *American Journal of Clinical Hypnosis, 2*, 49-84.

Erickson, M.H. & Rossi, E.L. (1974). Varieties of hypnotic amnesia. *American Journal of Clinical Hypnosis, 4*, 225-239.

Erickson, M.H. & Rossi, E. (1977). The autohypnotic experiences of Milton H. Erickson. *American Journal of Clinical Hypnosis, 20*, 36-54.

Haley, J. (Ed.) (1967). *Advanced Techniques of Hypnosis and Therapy. Selected papers of Milton H. Erickson, M.D.* New York: Grune & Stratton.

Haley, J. (1973). *Uncommon Therapy, The Psychiatric Techniques of Milton H. Erickson, M.D.* New York: W.W. Norton.

Haley, J. (1980). *Leaving Home*. New York: McGraw-Hill.

Haley, J. (1982). The contribution to therapy of Milton H. Erickson, M.D. In J.K. Zeig (Ed.), *Ericksonian Approaches to Hypnosis and Psychotherapy* (pp. 5-25). New York: Brunner/Mazel.

Haley, J. (1984). *Ordeal Therapy*. San Francisco: Jossey-Bass.

Haley, J. & Weakland, J. (1985). Remembering Erickson. In J.K. Zeig (Ed.), *Ericksonian Psychotherapy, Volume I: Structures* (pp. 585-604). New York: Brunner/Mazel.

Hammond, D.C. (1984). Myths about Erickson and Ericksonian hypnosis. *American Journal of Clinical Hypnosis, 26*, 236-245.

Karpman, S.B. (1968). Script drama analysis. *Transactional Analysis Bulletin, 26*, 39-45.

Lankton, C.H. (1985). Generative change: Beyond symptomatic relief. In J.K. Zeig (Ed.), *Ericksonian Psychotherapy, Volume I: Structures* (pp. 137-170). New York: Brunner/Mazel.

Lankton, S. & Lankton, C. (1983). *The Answer Within: A Clinical Framework of Ericksonian Hypnotherapy.* New York: Brunner/Mazel.

Lankton, S., Lankton, C., & Brown, M. (1981). Psychological level communication and transactional analysis. *Transactional Analysis Journal, 11,* 287-299.

Leveton, A.F. (1982). Family therapy as play: The contribution of Milton H. Erickson, M.D. In J.K. Zeig (Ed.), *Ericksonian Approaches to Hypnosis and Psychotherapy* (pp. 201-213). New York: Brunner/Mazel.

Lustig, H.S. (1985). The enigma of Erickson's therapeutic paradoxes. In J.K. Zeig (Ed.), *Ericksonian Psychotherapy, Volume II: Clinical Applications* (pp. 244-251). New York: Brunner/Mazel.

Madanes, C. (1985). Finding a Humorous Alternative. In J.K. Zeig (Ed.), *Ericksonian Psychotherapy, Volume II: Clinical Applications* (pp. 24-43). New York: Brunner/Mazel.

Mead, M. (1977). The originality of Milton Erickson. *American Journal of Clinical Hypnosis, 20,* 4-5.

Nemetschek, P. (1982). 1201 E. Hayward: Milton H. Erickson, M.D. In J.K. Zeig (Ed.), *Ericksonian Approaches to Hypnosis and Psychotherapy* (pp. 430-443). New York: Brunner/Mazel.

Pearson, R.E. (1982). Erickson and the lonely physician. In J.K. Zeig (Ed.), *Ericksonian Approaches to Hypnosis and Psychotherapy* (pp. 422-429). New York: Brunner/Mazel.

Rodger, B.P. (1982). Ericksonian approaches in anesthesiology. In J.K. Zeig (Ed.), *Ericksonian Approaches to Hypnosis and Psychotherapy* (pp. 317-329). New York: Brunner/Mazel.

Rosen, S. (1982a). *My Voice Will Go with You: The Teaching Tales of Milton Erickson.* New York: W.W. Norton.

Rosen, S. (1982b). The values and philosophy of Milton H. Erickson. In J.K. Zeig (Ed.), *Ericksonian Approaches to Hypnosis and Psychotherapy* (pp. 462-476). New York: Brunner/Mazel.

Rossi, E. & Ryan, M. (Eds.). (1985). *Life Reframing in Hypnosis: The Seminars, Workshops, and Lectures of Milton H. Erickson (Vol. II).* New York: Irvington.

Rossi, E., Ryan, M., & Sharp, F. (Eds.). (1983). *Healing in Hypnosis: The Seminars, Workshops, and Lectures of Milton H. Erickson (Vol. I).* New York: Irvington.

Schoen, S. (1983). NLP: An overview, with commentaries. *The Psychotherapy Newsletter, 1,* 16-26.

Secter, I. (1982). Seminars with Erickson: The early years. In J.K. Zeig (Ed.), *Ericksonian Approaches to Hypnosis and Psychotherapy* (pp. 447-454). New York: Brunner/Mazel.

Thompson, K. (1982). The curiosity of Milton H. Erickson, M.D. In J.K. Zeig (Ed.), *Ericksonian Approaches to Hypnosis and Psychotherapy* (pp. 413-421). New York: Brunner/Mazel.

Van Dyck, R. (1982). How to use Ericksonian approaches when you are not Milton H. Erickson. In J.K. Zeig (Ed.), *Ericksonian Approaches to Hypnosis and Psychotherapy* (pp. 5-25). New York: Brunner/Mazel.

Watzlawick, P. (1982). Erickson's contribution to the interactional view of psychotherapy. In J.K. Zeig (Ed.), *Ericksonian Approaches to Hypnosis and Psychotherapy* (pp. 147-154). New York: Brunner/Mazel.

Watzlawick, P. (1985). Hypnotherapy without trance. In J.K. Zeig (Ed.), *Ericksonian Psychotherapy, Volume I: Structures* (pp. 5-14). New York: Brunner/Mazel.

Wilk, J. (1985). Ericksonian therapeutic patterns: A pattern which connects. In J.K. Zeig (Ed.), *Ericksonian Psychotherapy, Volume II: Clinical Applications* (pp. 210-233). New York: Brunner/Mazel.

Yapko, M. (1985). The Erickson hook: Values in Ericksonian approaches. In J.K. Zeig (Ed.), *Ericksonian Psychotherapy, Volume I: Structures* (pp. 266-281). New York: Brunner/Mazel.

Zeig, J.K. (1974). Hypnotherapy techniques with psychotic inpatients. *American Journal of Clinical Hypnosis, 17,* 59-69.

Zeig, J.K. (Ed.). (1980a). *A Teaching Seminar with Milton H. Erickson.* New York: Brunner/Mazel.

Zeig, J.K. (1980b). Symptom prescription and Ericksonian principles of hypnosis and psychotherapy. *American Journal of Clinical Hypnosis, 23,* 16-22.

Zeig, J.K. (1982). Ericksonian approaches to promote abstinence from cigarette smoking. *Ericksonian Approaches to Hypnosis and Psychotherapy.* New York: Brunner/Mazel.

Zeig, J.K. (1985a). The clinical use of amnesia: Ericksonian methods. In J.K. Zeig (Ed.), *Ericksonian Psychotherapy, Volume I: Structures* (pp. 317-337). New York: Brunner/Mazel.

Zeig, J.K. (Ed.). (1985b). Ethical issues in Ericksonian hypnosis: Informed consent and training standards. In Zeig (Ed.), *Ericksonian Psychotherapy, Volume I: Structures* (pp. 459-473). New York: Brunner/Mazel.

Zeig, J.K. (Ed., Introduction and Commentary). (1985c). The case of Barbie: An Ericksonian approach to the treatment of anorexia nervosa. *Transactional Analysis Journal, 15,* 85-92.

延伸閱讀

中文著作

- 《跟大師學催眠：米爾頓·艾瑞克森治療實錄》（2023），傑弗瑞·薩德（Jeffrey K. Zeig），心靈工坊
- 《催眠引導：讓改變自然發生的心理治療藝術》（2022），傑弗瑞·薩德（Jeffrey K. Zeig），心靈工坊
- 《存在催眠治療》（2022），李維倫，心靈工坊
- 《催眠治療實務手冊》（2022），蔡東杰，心靈工坊
- 《聽懂未被訴說的故事：催眠，喚醒內在療癒者》（2022），凌坤楨，張老師文化
- 《催眠自癒力：美好、富足 改變今生的秘密 自修 23 堂心靈練習課》（2021），張嘉珉，風和文創
- 《催眠之聲伴隨你》（2000），米爾頓·艾瑞克森（Milton H. Erickson）、史德奈·羅森（Sidney Rosen），生命潛能
- 《催眠和你想的不一樣》（2020），唐道德，商周
- 《喚醒式治療：催眠·隱喻·順勢而為》（2020），傑弗瑞·薩德（Jeffrey K. Zeig），心靈工坊
- 《經驗式治療藝術：從艾瑞克森催眠療法談起》（2019），傑弗瑞·薩德（Jeffrey K. Zeig），心靈工坊

- 《潛意識自癒力：讓催眠心理學帶你創造美好的生活》（2019），張義平（幽樹），四塊玉文創
- 《生生不息催眠聖經：創造性流動的體驗之旅》（2015），史蒂芬‧紀立根（Stephen Gilligan），世茂
- 《讓潛意識說話：催眠治療入門》（2014），趙家琛、張忠勛，心靈工坊
- 《心理治療的新趨勢：解決導向療法》（2007），比爾‧歐漢龍（Bill O'Hanlon）、米雪兒‧韋拿戴維斯（Michele Weiner-Davis），張老師文化

英文著作

- The Letters of Milton H. Erickson, by Milton H. Erickson,Jeffrey K. Zeig, Brent B. Geary. Zeig Tucker & Co Inc.,2000
- The Handbook of Ericksonian Psychotherapy, by Brent B.Geary, Ph.D. Milton H Erickson Foundation Press, 2002
- The Legacy of Milton H. Erickson: Selected Papers of Stephen
- Gilligan, by Stephen G. Gilligan. Zeig, Tucker & Theisen,
- Inc., 2002
- Assembling Ericksonian Therapy, by Zeigtucker & Theisen.Zeig Tucker & Co Inc., 2003

PsychoTherapy 067

艾瑞克森：天生的催眠大師
Experiencing Erickson: An Introduction to the Man and His Work
傑弗瑞‧薩德（Jeffrey K. Zeig）——著
劉慧卿——審閱　陳厚愷——譯

出版者─心靈工坊文化事業股份有限公司
發行人─王浩威　總編輯─徐嘉俊
特約編輯─林韻華　封面設計─羅文岑
內頁排版─龍虎電腦排版股份有限公司
通訊地址─10684台北市大安區信義路四段53巷8號2樓
郵政劃撥─19546215　戶名─心靈工坊文化事業股份有限公司
電話─02）2702-9186　傳真─02）2702-9286
Email─service@psygarden.com.tw　網址─www.psygarden.com.tw

製版‧印刷─彩峰造藝印像股份有限公司
總經銷─大和書報圖書股份有限公司
電話─02）8990-2588　傳真─02）2290-1658
通訊地址─248新北市新莊區五工五路二號
二版一刷─2023年8月　ISBN─978-986-357-304-3　定價─430元

國家圖書館出版品預行編目(CIP)資料

艾瑞克森：天生的催眠大師= Experiencing Erickson : an introduction to the man and his work/傑弗瑞.薩德(Jeffrey K. Zeig)著；陳厚愷譯. -- 二版. -- 臺北市：心靈工坊文化事業股份有限公司, 2023.08
　　面；　公分
　　譯自：Experiencing Erickson: An Introduction to the Man and His Work
　　ISBN 978-986-357-304-3(平裝)

1.CST: 艾瑞克森(Erickson, Milton H.) 2.CST: 傳記 3.CST: 精神醫學
4.CST: 催眠療法 5.CST: 心理治療

419.952   112010842

心靈工坊 書香家族 讀友卡

感謝您購買心靈工坊的叢書，爲了加強對您的服務，請您詳填本卡，
直接投入郵筒（免貼郵票）或傳真，我們會珍視您的意見，
並提供您最新的活動訊息，共同以書會友，追求身心靈的創意與成長。

書系編號—PsychoTherapy 067　　　書名—艾瑞克森：天生的催眠大師

姓名 _____　　是否已加入書香家族？ □是 □現在加入

電話 (O) _____ (H) _____　　手機 _____

E-mail _____ 生日 _____ 年 _____ 月 _____ 日

地址 □□□ _____

服務機構 _____ 職稱 _____

您的性別—□1.女 □2.男 □3.其他

婚姻狀況—□1.未婚 □2.已婚 □3.離婚 □4.不婚 □5.同志 □6.喪偶 □7.分居

請問您如何得知這本書？
□1.書店 □2.報章雜誌 □3.廣播電視 □4.親友推介 □5.心靈工坊書訊
□6.廣告DM □7.心靈工坊網站 □8.其他網路媒體 □9.其他

您購買本書的方式？
□1.書店 □2.劃撥郵購 □3.團體訂購 □4.網路訂購 □5.其他

您對本書的意見？
□ 封面設計　　1.須再改進 2.尚可 3.滿意 4.非常滿意
□ 版面編排　　1.須再改進 2.尚可 3.滿意 4.非常滿意
□ 內容　　　　1.須再改進 2.尚可 3.滿意 4.非常滿意
□ 文筆／翻譯　1.須再改進 2.尚可 3.滿意 4.非常滿意
□ 價格　　　　1.須再改進 2.尚可 3.滿意 4.非常滿意

您對我們有何建議？
_____

_____

□本人同意 _____（請簽名）提供（真實姓名/E-mail/地址/電話/年齡/
等資料），以作為心靈工坊（聯絡/寄貨/加入會員/行銷/會員折扣/等之用，
詳細內容請參閱http://shop.psygarden.com.tw/member_register.asp。

心靈工坊
|PsyGarden|

10684台北市信義路四段53巷8號2樓
讀者服務組　收

免　貼　郵　票

（對折線）

加入心靈工坊書香家族會員
共享知識的盛宴，成長的喜悅

請寄回這張回函卡（免貼郵票），
您就成為心靈工坊的書香家族會員，您將可以——

⊙隨時收到新書出版和活動訊息

⊙獲得各項回饋和優惠方案